AF502320

223697

INSTRUCTION
QUE
LE ROI
A FAIT EXPÉDIER
POUR RÉGLER PROVISOIREMENT
L'EXERCICE
DE SES TROUPES
D'INFANTERIE.

Du 11 Juin 1774.

A GRENOBLE,
De l'Imprimerie de la Veuve FAURE & Fils, Imprimeurs du Roi ; Place Saint-André.

M. DCC. LXXIV.

V

42114

TABLE
DES
TITRES ET ARTICLES
Contenus dans cette Instruction.

INSTRUCTION

Que LE ROI a fait expédier pour régler provisoirement l'Exercice de ses Troupes d'Infanterie.

Du 11 Juin 1774.

SA MAJESTÉ étant dans l'intention de régler provisoirement les différentes manœuvres sur lesquelles ses Troupes d'Infanterie devront être exercées par la suite, & voulant établir, à cet effet, la plus grande uniformité dans les évolutions, les commandements, les moyens de détail, & dans les Ecoles d'instruction; voulant aussi Sa Majesté que les Exercices particuliers de chaque Régiment soient dirigés sur des principes applicables à toutes les circonstances où un Corps considérable d'Infanterie peut se trouver à la guerre, a ordonné & ordonne ce qui suit :

TITRE PREMIER.

De l'Armement & Equipement.

TOUTES les parties de l'armement & de l'équipement des Officiers, Bas-officiers, Grenadiers, Soldats & Tambours, seront uniformes & conformes aux modeles.

Les Colonels, Lieutenants-colonels, Majors, Chefs de bataillon, Aides-major & Sous-aides-major, auront pour toutes armes des épées, qu'ils mettront à la main toutes les fois qu'ils seront sous les armes.

Tous les Officiers seront armés de fusils uniformes, avec leurs baïonnettes, d'épées & de gibernes.

Tous les Officiers porteront des hausse-cols.

Les Fourriers, Sergents, Caporaux & Grenadiers seront armés de fusils avec leurs baïonnettes, d'un sabre & d'une giberne.

Les Appointés & les Fusiliers seront armés d'un fusil, d'une baïonnette & d'une giberne.

Tous les Tambours seront armés d'un sabre.

Les épées, les sabres & les baïonnettes seront portés par des ceinturons.

Tous les Bas-officiers, Grenadiers, Fusiliers & Tambours porteront le ceinturon sur la veste.

Les Officiers ne le porteront ainſi que lorſqu'ils ſeront ſous les armes.

TITRE II.

De l'Inſtruction des Officiers & Bas-officiers.

ARTICLE PREMIER.

Objets ſur leſquels les Officiers & Bas-officiers doivent être inſtruits.

LES Officiers ſupérieurs, tous les Officiers & les Bas-officiers de chaque Régiment, ſeront tenus de ſavoir, & d'exécuter avec préciſion, le maniement des armes particulier à l'Officier, celui du Soldat, la marche & ſes différents pas, les évolutions, les différentes manœuvres & les différents feux, pour être en état de conduire & d'exercer leur Troupe dans tous les cas.

Le Commandant du Régiment ſera reſponſable de l'inſtruction des Officiers, & les exercera ou les fera exercer devant lui ou devant un Officier ſupérieur, toutes les fois qu'il le jugera à propos.

Le Major ſera chargé de l'inſtruction générale, & en rendra compte au Commandant du Régiment. Les Aides-major & les Sous-aides-major aideront le Major dans tous les détails de l'inſtruction.

Aucun Sujet proposé pour être Officier ne pourra être reçu à l'emploi auquel il aura été nommé, qu'après avoir fait le service, & avoir été exercé comme Soldat, pendant deux mois; comme Caporal, pendant deux autres mois; enfin, comme Sergent, aussi pendant deux mois, sous la conduite d'un Bas-officier : Voulant Sa Majesté qu'il monte chaque semaine une garde, qu'il soit tenu de porter successivement les marques distinctives de chacun de ces grades, & d'en remplir indistinctement toutes les fonctions, à l'exception des corvées.

Lorsqu'au bout de ces six mois le Commandant du Régiment aura jugé ce nouveau Sujet suffisamment instruit, il le fera recevoir à son emploi.

Aucun Officier ne sera réputé instruit, qu'autant qu'il saura, indépendamment de l'exécution, commander & exercer la Troupe qui lui sera confiée.

Il sera à cet effet établi à l'Ecole d'instruction une Ecole particuliere de commandement, dans laquelle on apprendra aux Officiers l'énoncé des commandements, la maniere de les prononcer, & le ton du commandement.

Tous les commandements dont l'énoncé sera composé de plusieurs mots, seront coupés en deux parties : on prononcera distinctement toutes les syllabes de la premiere partie; mais on s'attachera à prononcer d'un ton ferme & bref la derniere partie qui détermine l'exécution. Les commandements qui ne devront servir que d'avertissement, seront prononcés d'un ton égal, ſans être partagés, & ſans appuyer ſur la derniere ſyllabe.

On accoutumera les Officiers à n'avoir qu'un ton de commandement pour toutes les circonſtances, & ce ton ſera de toute l'étendue de leur voix.

Auſſi-tôt que les Officiers auront ſuffiſamment acquis l'habitude du commandement, on leur donnera à chacun une file, & ſucceſſivement un peloton de Soldats, pris dans le nombre des hommes renvoyés du bataillon à l'Ecole d'inſtruction qui va être indiquée ci-après : ils exerceront le nombre d'hommes qu'on leur confiera, conformément à ce qui ſera preſcrit.

ARTICLE II.

Maniement du Fuſil pour les Officiers & Bas-officiers.

LES Officiers & Bas-Officiers auront toujours la baïonnette au bout du fuſil.

Port de l'Arme.

L'arme dans le bras droit & au défaut de l'épaule, le canon en arriere & à plomb, la baguette en dehors, le bras alongé, la main droite embraſſant le chien & la ſougarde, la croſſe à plat le long de la cuiſſe droite, la main gauche pendante derriere l'épée.

ÉNONCÉ DES COMMANDEMENTS.	POUR exécuter. Temps.	POUR montrer. Mouvements.	EXPLICATION DES MOUVEMENTS.
Reposez - vous = sur vos armes.	1.	2.	*Premier mouvement.* PORTER brusquement, en frappant, la main gauche à la capucine du milieu, détachant un peu l'arme de l'épaule, avec la main droite; lâcher en même temps la main droite; descendre l'arme de la main gauche; la resaisir avec la droite au-dessus de la premiere capucine d'en-bas, le pouce droit sur le canon pour l'empoigner, les quatre doigts alongés sur le bois, l'arme d'à-plomb, la crosse à deux pouces de terre, le gros de la crosse dirigé sur le côté de la pointe du pied droit, & laisser tomber la main gauche derriere l'épée. *Second mouvement.* Laisser glisser l'arme; placer le talon de la crosse à côté de la pointe du pied droit.
Posez vos armes = à terre.	1.	2.	Comme il sera dit pour le Soldat, à l'art. 2 de l'Inspection des armes, tit. 3.
Reprenez = vos armes.	1.	2.	(idem, accolade)

ÉNONCÉ DES COMMANDEMENTS.	POUR exécuter. *Temps.*	POUR montrer. *Mouvements.*	EXPLICATION DES MOUVEMENTS.
Portez ═ *vos armes.*	1.	2.	*Premier mouvement.* Elever l'arme perpendiculairement avec la main droite, à hauteur du teton droit, vis-à-vis de l'épaule, à deux pouces du corps, le coude droit y restant joint; saisir l'arme de la main gauche, au-dessous de la main droite, à la premiere capucine, & aussi-tôt descendre la main droite pour empoigner la sougarde & le chien. *Second mouvement.* Laisser tomber l'arme contre l'épaule, le bras droit alongé & la main gauche pendante derriere l'épée.
Portez l'arme ═ *au bras.*	1.	3.	*Premier mouvement.* Porter l'arme en avant avec la main droite entre les deux yeux & à plomb, le canon en dedans, le saisissant de la main gauche à la capucine, l'élevant à hauteur du menton, & l'empoignant en même temps avec la main droite à quatre pouces au-dessous de la platine.

ÉNONCÉ DES COMMANDEMENTS.	POUR exécuter. *Temps.*	POUR montrer. *Mouvements.*	EXPLICATION DES MOUVEMENTS.
			Second mouvement. Retourner l'arme avec la main droite, le canon en dehors, pour l'appuyer à l'épaule gauche, & paſſer l'avant-bras gauche horizontalement ſur la poitrine, entre la main droite & le chien, pour qu'il ſoit appuyé ſur l'avant-bras gauche.
			Troiſieme mouvement. Laiſſer tomber la main droite pendante ſur le côté.
Portez = *vos armes.*	1.	3.	*Premier mouvement.* Empoigner l'arme avec la main droite au-deſſous & contre le bras gauche.
			Second mouvement. Porter l'arme avec la main droite perpendiculairement vis-à-vis l'épaule droite, la baguette en avant, la ſaiſiſſant avec la main gauche à hauteur de l'épaule gauche; la main droite dont le bras ſera alors alongé, ſe retournera en même temps pour empoigner la ſougarde & le chien.

ÉNONCÉ DES COMMANDEMENTS.	POUR exécuter. Temps.	POUR montrer. Mouvements.	EXPLICATION DES MOUVEMENTS.
			Troisieme mouvement. Achever de porter l'arme, la main gauche tombant pendante.
			Si le Bataillon étant en bataille, on lui fait les commandements, *en parade, ouvrez vos rangs = marche.*
			A ce commandement, les Officiers se porteront légérement en avant à la distance prescrite, titre 5, article 7 de la *formation en parade*, se reposeront sur l'arme en faisant le dernier pas, & prendront la position de *parade*, qui s'exécutera en un temps.
	1.	2.	*Premier mouvement.* Porter la main droite au bout du canon, couvrant la capucine, le pouce alongé sur le canon, le bout détaché de l'épaule de quatre pouces, le coude droit au corps.
			Second mouvement. Tendre vivement le bras droit sur le côté, à hauteur

ÉNONCÉ DES COMMANDEMENTS.	POUR exécuter. Temps.	POUR montrer. Mouvements.	EXPLICATION DES MOUVEMENTS.
			de l'épaule, l'arme perpendiculaire, la contre-platine en avant, la crosse sur la ligne de la pointe du pied; poser ensuite la crosse à terre, la soutenant auparavant un instant en l'air, afin que l'arme tombe bien à plomb.
			ARTICLE III.
			Salut du Fusil de pied ferme.
	6.		*Premier temps.*
			Faire *à droite* en rapprochant l'arme du corps avec la main droite, la sougarde en avant, la saisir de la main gauche, en frappant à hauteur du ceinturon, l'arme perpendiculaire.
			Second temps.
			Quitter l'arme de la main droite, l'élever de la gauche à hauteur du menton, & la saisir en même temps avec la main droite à la poignée au-dessous du chien.
			Troisieme temps.
			Couler vivement la main gauche jusqu'à la capucine, & baisser brusquement avec les deux mains la pointe de la

ÉNONCÉ DES COMMANDEMENTS.	POUR exécuter. *Temps.*	POUR montrer. *Mouvements.*	EXPLICATION DES MOUVEMENTS.
			baïonnette à ſix pouces de terre, la main droite élevée à hauteur de la cravate.
			Quatrieme temps.
			Revenir dans la poſition preſcrite au 2.e temps.
			Cinquieme temps.
			Revenir dans la poſition du premier temps.
			Sixieme temps.
			Faire face en tête, en ſe repoſant ſur l'arme, comme il eſt dit au 2.e mouvement de la *poſition en parade.*
			ARTICLE IV.
			Salut du Fuſil en marchant.
	6.		*Premier temps.*
			En avançant le pied gauche, détacher l'arme de l'épaule avec la main droite, & l'empoigner de la main gauche à hauteur de l'épaule.
			Second temps.
			En avançant le pied droit, quitter l'arme de la main droite pour ſaiſir la poignée, la main gauche ne bougeant pas.
			Troiſieme temps.
			En avançant le pied gauche, couler la main gauche juſqu'à

ÉNONCÉ DES COMMANDEMENTS.	Pour exécuter. Temps.	Pour montrer. Mouvements.	EXPLICATION DES MOUVEMENTS.
			la capucine, & baisser vivement la pointe de la baïonnette à six pouces de terre. *Quatrieme temps.* En avançant le pied droit, replacer l'arme dans la position du 2.e temps. *Cinquieme temps.* En avançant le pied gauche, quitter la poignée de la main droite, pour embrasser le chien & la sougarde. *Sixieme temps.* En avançant le pied droit, achever de porter l'arme. ***OBSERVATION.*** En saluant, soit de pied ferme, soit en marchant, on fixera toujours la personne qu'on devra saluer, & on ne commencera le premier temps qu'à six pas d'elle. Si, étant de pied ferme, elle vient de la gauche, on fera un *demi à gauche* au premier temps, en exécutant les autres temps comme il est dit ci-dessus. Lorsque les Officiers étant en parade, devront aller occuper leurs places de bataille, à l'avertissement *serrez vos*

ÉNONCÉ DES COMMANDEMENTS.	POUR exécuter. *Temps.*	POUR montrer. *Mouvements.*	EXPLICATION DES MOUVEMENTS.
			rangs, ils rapprocheront la crosse de la pointe du pied, en un temps.
	1.	2.	Ce temps se montrera en deux mouvements. *Premier mouvement.* Rapprocher vivement l'arme du corps avec la main droite, la baguette en avant, en prenant la position du premier mouvement de parade. *Second mouvement.* Laisser tomber vivement la main droite en frappant, pour prendre la position de *se reposer sur les armes.* Aussi-tôt après ils porteront l'arme dans le bras droit. Au commandement *marche*, ils feront *demi-tour à droite*, & iront occuper leurs places de bataille, ainsi qu'il est expliqué, article 4 de la *formation en bataille*, du titre 6.
			ARTICLE V. *Maniement du Fusil des Caporaux.* Les Caporaux porteront, en toute occasion, le fusil comme le Soldat; mais s'ils doivent représenter des Ser-

ÉNONCÉ DES COMMANDEMENTS.	POUR exécuter. *Temps.*	POUR montrer. *Mouvements.*	EXPLICATION DES MOUVEMENTS.
			gents, ou marcher à la tête d'une Troupe, ou d'une pose de Sentinelles, ils porteront le fusil dans le bras droit comme les Officiers & les Sergents ; ils exécuteront ce changement en un temps.
	1.	3.	Ce temps se montrera en trois mouvements.
			Premier mouvement.
			Empoigner l'arme avec la main droite, en tournant la platine en dessus, comme il est dit, article 4, au premier mouvement du commandement *présentez vos armes*, du titre 3.
			Second mouvement.
			Porter l'arme perpendiculairement avec la main droite, entre la tête & l'épaule droite, la baguette en dehors, le bras droit alongé, la main droite empoignant le chien & la sougarde, la main gauche saisissant l'arme à hauteur de l'épaule.
			Troisieme mouvement.
			Achever de porter l'arme, & laisser tomber la main gauche pendante.

ÉNONCÉ DES COMMANDEMENTS.	POUR exécuter. *Temps.*	POUR montrer. *Mouvements.*	EXPLICATION DES MOUVEMENTS.
			Pour porter l'arme comme Soldat.
	1.	3.	Ils l'exécuteront en un temps qui se montrera en trois mouvements.
			Premier mouvement.
			Détacher l'arme de l'épaule droite, la porter perpendiculairement entre les deux yeux, la main gauche la saisissant à hauteur de la cravate; la main droite quittant alors le chien & la sougarde pour prendre l'arme à la poignée, la fixant à hauteur du ceinturon.
			Second mouvement.
			Elever l'arme de la main droite, le pouce alongé le long de la contre-platine; tourner le canon en dehors; placer l'arme à plomb vis-à-vis l'épaule gauche, & descendre en même temps la main gauche sous la crosse.
			Troisieme mouvement.
			Placer l'arme contre l'épaule gauche, en la poussant de la main droite, pour achever de la porter.
			ARTICLE VI.
			Maniement du Drapeau.
			Lorsque les Porte-drapeaux

ÉNONCÉ DES COMMANDEMENTS.	POUR exécuter. Temps.	POUR montrer. Mouvements.	EXPLICATION DES MOUVEMENTS.
			feront ſous les armes en parade, & qu'ils devront porter le drapeau, ils le porteront en appuyant le talon ſur la hanche droite, le tenant un peu de biais, la lance en avant, la main droite placée à un pied & demi au-deſſus de l'extrêmité du talon, la main gauche pendante derriere l'épée.
Repoſez-vous —— *ſur le drapeau.*	1.	2.	*Premier mouvement.* Détacher le drapeau de la hanche droite; le porter perpendiculairement devant ſoi, le ſaiſir de la main gauche à un demi-pied au-deſſus de la main droite; lâcher en même temps le drapeau de la main droite, pour l'abaiſſer de la gauche & le porter à plomb à côté de la pointe du pied droit; le ſaiſir auſſi-tôt de la main droite à hauteur du teton, le talon à trois pouces de terre, la main gauche tombant en même temps derriere l'épée.
			Second mouvement. Laiſſer gliſſer le drapeau, le talon à côté de la pointe du pied droit, la main droite contenant toujours le drapeau

ÉNONCÉ DES COMMANDEMENTS.	POUR exécuter. Temps.	POUR montrer. Mouvements.	EXPLICATION DES MOUVEMENTS.
			à hauteur du teton, le coude au corps.
Portez == le drapeau.	1.	2.	*Premier mouvement.* Elever le drapeau de la main droite à hauteur du menton; le saisir de la main gauche à hauteur du ceinturon; l'élever aussi-tôt de cette main à hauteur du menton, & descendre la main droite pour le saisir à hauteur du ceinturon, le drapeau d'à-plomb.
			Second mouvement. Le placer sur la hanche droite dans la situation prescrite pour le porter, la main gauche pendante.
			Pour saluer du Drapeau en le portant, soit de pied ferme, soit en marchant.
	6.		*Premier temps.* Faire *à droite*, en portant le drapeau perpendiculairement devant soi; l'empoigner de la main gauche à un demi-pied au-dessus de la droite.
			Second temps. Le saisir au talon avec la main droite.

ÉNONCÉ DES COMMANDEMENTS.	POUR exécuter. Temps.	POUR montrer. Mouvements.	EXPLICATION DES MOUVEMENTS.
			Troisieme temps. Baisser la lance à six pouces de terre, en laissant glisser la main gauche à deux pieds de la droite, la main droite à hauteur de l'épaule, les bras tendus. *Quatrieme temps.* Relever le drapeau perpendiculairement devant soi ; rapprocher la main gauche à un pied de la droite. *Cinquieme temps.* Empoigner le drapeau avec la main droite à un demi-pied au-dessus de la gauche. *Sixieme temps.* Faire front en appuyant le talon contre la hanche, & laissant tomber la main pendante. *OBSERVATION.* Lorsqu'on fera ce *salut* en marchant, on exécutera le premier temps au premier pas que fera le pied gauche ; le second temps, au second pas que fera le pied droit, & ainsi de suite.

ÉNONCÉ DES COMMANDEMENTS.	POUR exécuter. *Temps.*	POUR montrer. *Mouvements.*	EXPLICATION DES MOUVEMENTS.
			Dans aucun cas, les Officiers & les Bas-officiers ne salueront personne du chapeau, qu'ils ne devront ôter que pour le Saint-Sacrement. Dans les *haltes*, les Officiers & Bas-officiers se reposeront sur leurs armes, les poseront à terre, les reprendront & les reporteront en même temps que la Troupe : on plantera les drapeaux en terre, & on y posera une Sentinelle pour les garder. Toutes les fois qu'un bataillon sera en parade, on portera le drapeau à la hanche : toutes les fois qu'un bataillon sera en bataille, on portera le drapeau à l'épaule droite, le bras droit alongé, le talon dans la main droite. *Du maniement de l'Epée.* Les Officiers de l'Etat-major porteront l'épée à l'épaule droite, la lame appuyée contre l'épaule, la poignée à hauteur de la hanche. Lorsque ces Officiers devront saluer de l'épée, soit de pied ferme, soit en marchant, ils le feront en quatre temps.

ÉNONCÉ DES COMMANDEMENTS.	POUR exécuter. *Temps.*	POUR montrer. *Mouvements.*	EXPLICATION DES MOUVEMENTS.
			Salut de l'Epée.
	4.		*Premier temps.*
			La perſonne qu'on devra ſaluer étant à quatre pas de diſtance, on élevera l'épée perpendiculairement, la pointe en haut, la lame plate devant ſoi, la garde vis-à-vis & à un pied de diſtance de l'épaule droite, le coude un demi-pied plus bas que le poignet.
			Second temps.
			Baiſſer doucement la lame de l'épée, de maniere que la main ſoit à côté & vis-à-vis le milieu de la cuiſſe droite; tourner alors le poignet un peu en dehors; abaiſſer la pointe de l'épée fort doucement, & reſter dans cette poſition juſqu'à ce que la perſonne qu'on aura ſaluée ſoit dépaſſée de deux pas.
			Troiſieme temps.
			Relever l'épée la pointe en haut, la tenant comme au premier temps.
			Quatrieme temps.
			Porter l'épée à l'épaule, comme il eſt preſcrit ci-deſſus.

TITRE III.

De l'Ecole d'Instruction.

ARTICLE PREMIER.

Ecole d'Instruction dans chaque Régiment.

Le Commandant de chaque régiment choisira un Aide-major, qui sera particuliérement chargé, sous l'inspection du Major, de l'Ecole d'instruction.

Le Commandant du régiment nommera un Officier par bataillon, pour aider cet Aide-major lorsque le régiment sera rassemblé, & pour le suppléer dans le cas où les bataillons seroient séparés.

Les Recrues seront dressées à cette Ecole, qui sera suivie de maniere qu'en six semaines le plus grand nombre des hommes puisse être admis aux Compagnies.

Tout Sergent, Caporal, Appointé, Grenadier, ou Fusilier qui aura été absent des exercices, pendant trois mois ou plus, sera remis à l'Ecole d'instruction pour y être examiné.

Tout Appointé, Grenadier, ou Soldat proposé pour être Caporal, tout Caporal proposé pour être Sergent, ne pourra être admis à ce nouveau grade, qu'après avoir passé à l'Ecole d'instruction pour y apprendre à commander.

Tous les nouveaux Sujets proposés pour être Officiers, rempliront à cette Ecole les différentes fonctions de Soldat, de Caporal & de Sergent.

Tous les Officiers qui se seront absentés des exercices pendant trois mois ou plus, repasseront à cette Ecole, & seront examinés par le Commandant du régiment, avant d'être admis à commander leurs pelotons.

Les Officiers ſupérieurs s'y trouveront ſouvent; mais un d'eux, ou un Chef de bataillon, ſera commandé pour y être préſent toutes les fois qu'on devra y inſtruire un ou pluſieurs Officiers plus anciens que celui qui en ſera chargé.

Les Bas-officiers les plus intelligents ſeront choiſis pour être Maîtres d'exercice, ſous l'inſpection de l'Aide-major chargé de l'Ecole d'inſtruction; & on obſervera de mettre les Recrues, par préférence, entre les mains d'un Bas-officier de leur Compagnie.

Cette Ecole ſera diviſée en trois leçons.

ARTICLE II.

Premiere leçon, homme par homme.

Poſition du Soldat.

LES talons joints & poſés ſur la même ligne, les pointes des pieds également en dehors, & à la diſtance de dix à douze pouces, les jarrets tendus ſans les roidir, le corps bien à plomb, les épaules droites, effacées & également tombantes, le haut du corps & la poitrine en avant, le ventre rentré, ſans cependant tendre le derriere, les deux mains pendantes & placées à plat, les bras alongés dans toute leur longueur, la tête dégagée des épaules, le cou retiré en arriere, le menton un peu rapproché de la cravate, ſans cependant la couvrir, la tête tournée à droite de maniere que l'œil gauche ſe trouve dans la direction des boutons de la veſte, le regard fixé ſur l'objet qui lui ſera indiqué.

On obſervera ſur-tout que dans ſa poſition il n'éprouve aucune gêne ; & on n'emploiera, pour y parvenir, ni le moyen de la planche, ni le celui de la muraille.

On accoutumera le Soldat à l'immobilité : il la prendra auſſi-tôt qu'on lui fera l'avertiſſement *garde à vous* ; il la conſervera juſqu'à l'avertiſſement *repos.*

Après cette premiere poſition, on lui donnera ſa giberne, & on lui montrera comme elle doit être placée.

On lui fera exécuter les mouvements de tête, par les commandements, *tête à gauche*, *tête à droite.*

Tête ═ à gauche.

A ce commandement, tourner bruſquement la tête à gauche, de maniere que l'œil droit ſe trouve dans la direction des boutons de la veſte.

Tête ═ à droite.

La tourner bruſquement pour reprendre la premiere poſition, ſans que le corps bouge, & ſans pencher la tête.

Aux premieres leçons, l'Inſtructeur aura attention de faire tourner la tête doucement, pour accoutumer l'homme de recrue à ne pas pencher la tête en la tournant bruſquement.

On lui montrera les *à droite*, les *à gauche*, & les *demi-tours à droite.*

A droite . . . . . 1 temps.

Tourner ſur le talon gauche, élevant un peu la pointe du pied gauche, rapporter en même temps le talon droit à côté du gauche, & ſur le même alignement, ſans frapper du pied.

A gauche . . . . . 1 temps.

Tourner aussi sur le talon gauche, rapporter le talon droit à côté du gauche, & sur le même alignement.

Demi-tour ═══ à droite. . . . . . 2 temps.

Premier temps.

Porter le pied droit en arriere, le talon droit à trois pouces du gauche, la boucle du pied droit contre le talon gauche, saisir en même temps la giberne par le coin avec la main droite.

Deuxieme temps.

Tourner sur les deux talons, les jarrets tendus, en élevant un peu la pointe des pieds; ramener le pied droit sur l'alignement du talon gauche, & lâcher la giberne.

On observera de couper ce commandement de maniere que le premier temps s'exécute après l'avertissement *demi-tour*, & le deuxieme temps aussi-tôt après que l'on aura prononcé *à droite.*

Après cette premiere instruction, on lui fera porter l'arme.

Port de l'Arme.

L'arme dans la main gauche, le bras presque alongé de sa longueur, le coude joint au corps sans le serrer, la paume de la main collée contre le plat exterieur de la crosse, le premier doigt sur la vis, le pouce par-dessus, les trois derniers doigts par-dessous le talon de la crosse, qui sera appuyée plus ou moins en avant, suivant la construction de la hanche, de maniere que l'arme soit aussi droite qu'il sera possible, la baguette du fusil au défaut de l'épaule, le canon en dehors.

On donnera enſuite à l'homme de recrue les premiers principes du pas.

Pas d'Ecole.

Ce pas ſera de deux pieds ; il ſera plus lent que le pas ordinaire, & d'environ quarante par minute.

Commandements.

1.

En avant.

2.

Marche.

Au ſecond commandement, porter vivement, mais ſans ſecouſſe, la jambe gauche en avant; pouſſer en même temps la totalité du corps, ſans que les épaules tournent ni à droite, ni à gauche; poſer le pied gauche à terre; le pied gauche prêt à poſer, le talon, & ſucceſſivement la pointe du pied droit, quitte la terre. Le pied gauche étant poſé, la jambe droite commence à paſſer lentement, ſans que le pied touche la terre; arrivé à la boucle du pied qui eſt poſé, le jarret commence à ſe retendre ſucceſſivement, & à meſure que le corps ſe pouſſe en avant, la pointe du pied un peu relevée & tournée en dehors, le pas s'acheve en poſant à terre toutes les parties du pied en même temps. La marche continue en paſſant ainſi alternativement les deux jambes.

Attentions que doit avoir l'Inſtructeur dans le pas d'Ecole.

Que la tête & le corps conſervent toujours la poſition qu'il a donnée; que l'arme ne vacille point; que les épaules ne tournent ni à droite, ni à gauche; que le corps & les jambes ſoient toujours également en mouvement ; que le corps se porte toujours sur la jambe qui pose à terre ; que l'impulsion du corps soit proportionnée au dégré de vîtesse de la marche ; que l'Instructeur indique de temps en temps cette vîtesse à l'homme de recrue, en marchant quelquefois lui-même un peu en avant de lui ; que les jambes ne croisent point l'une sur l'autre.

Halte.

Finir le pas commencé, en rapportant vivement & sans frapper, le pied à côté de celui qui est à terre, & tourner la tête à droite, si elle étoit à gauche en marchant, cette position devant toujours être celle du Soldat de pied ferme, à moins qu'il ne lui soit fait un commandement contraire.

Le commandement *halte* se fera indistinctement sur l'une ou l'autre jambe.

ARTICLE III.

Deuxieme Leçon.

Le Soldat ayant reçu seul les principes de la position du corps, & du pas d'école, & ayant acquis l'à-plomb nécessaire, on pourra réunir trois hommes, mais jamais un plus grand nombre, parmi ceux qui seront également avancés : ils seront exercés au pas de manœuvre, tantôt en rang, tantôt en file, leur donnant alors les premiers principes de l'alignement en rang & en file, comme ils seront indiqués à la troisieme leçon.

Pas ordinaire.

Le pas ordinaire sera de deux pieds, & sa durée de 80 pas à la minute ; il s'exécutera sur les mêmes principes que le pas d'école, en observant sur-tout que le corps se porte continuellement en avant, & que son impulsion détermine constamment le mouvement des jambes.

Pas par le flanc.

Le pas de flanc sera de deux pieds; il s'exécutera sur les mêmes principes, excepté que le jarret sera un peu moins tendu, & que le haut du corps se portera encore plus décidément en avant.

Marche de flanc.

Les trois hommes étant sur un rang, joints bras à bras, on leur fera faire *à droite* ou *à gauche*.

Au commandement *marche*, la file marchera en avant.

Attentions du Bas-officier dans la marche de flanc.

Que le Soldat porte le corps en avant au commandement *marche*; que chaque homme conserve toujours exactement l'intervalle qui le sépare de son chef-de-file, après avoir fait à droite ou à gauche, supposant chaque homme joint bras à bras à son voisin lorsqu'il étoit en rang; que, pendant la marche, le corps soit toujours en mouvement; que les jambes passent également; que le pas ne soit jamais moins long que de deux pieds.

Pas oblique.

Le pas oblique sera alongé le plus qu'il sera possible, suivant le dégré d'obliquité dans lequel on marchera.

Au commandement { *Oblique à droite* = *marche*, ou *Oblique à gauche* = *marche*.

Marcher obliquement à droite ou à gauche, laissant toujours la tête tournée du côté où elle se trouve.

En avant = *marche*.

Le Soldat marchera droit devant lui.

Attentions de l'Instructeur dans la marche oblique.

Déterminer lui-même l'obliquité de la *marche* ; exiger que les trois hommes appuient en même temps *à droite* ou *à gauche* ; que les épaules restent carrément ; prendre garde sur-tout que l'épaule opposée au côté vers lequel on appuie, n'avance hors du rang ; que les trois hommes restent joints bras à bras, du côté de l'alignement.

On exercera fréquemment les Soldats à raccourcir, & sur-tout à alonger ces différents pas.

Pour le raccourcir, on commandera :

Petit pas = *marche*.

Marcher le pas d'un pied. Ce pas se fera également en arriere ; mais on ne s'en servira que pour faire reculer quatre ou cinq pas une troupe qui se trouveroit trop en avant.

Pour l'alonger, on commandera :

Alongez = *marche*.

Marcher le pas de deux pieds & demi.

Ces deux différents pas pourront être raccourcis suivant le besoin : la mesure en sera alors déterminée par l'Instructeur, qui se placera de temps en temps à côté des hommes de recrue, à leur droite, ou à leur gauche, suivant le côté vers lequel ils auront la tête tournée. On accoutumera les Soldats à marquer le *pas*, sans avancer, par le commandement.

Marquez le pas.

Rapporter le talon de la jambe en mouvement, à côté de celui qui est à terre, jusqu'au commandement *halte*, ou jusqu'au commandement *en avant* ═══ *marche*, qui se fera indistinctement sur l'une ou l'autre jambe.

Pas redoublé.

Le pas redoublé sera de 140 à la minute; il s'exécutera sur les mêmes principes : on accoutumera le Soldat à l'accélérer jusqu'à 160 par minute, pour les mouvements de conversion.

On exercera le Soldat à passer du pas ordinaire au pas redoublé, & du pas redoublé au pas ordinaire.

Pas redoublé ═══ *marche.*

ou

Pas ordinaire ═══ *marche.*

Prendre le pas redoublé, ou le pas ordinaire, suivant le commandement.

On exercera le Soldat à passer du pas en avant au pas oblique, & du pas oblique au pas en avant, par les commandements indiqués ci-dessus.

Le Soldat ayant marché ces différents pas, on lui montrera le maniement des armes, dans l'ordre ci-après.

Maniement des armes.

Le maniement des armes ſera montré aux trois hommes enſemble, d'abord *en rang*, enſuite *en file.*

Les temps ſeront diviſés en mouvements, pour montrer au Soldat le méchaniſme de chaque temps.

La derniere ſyllabe du commandement décidera l'exécution du premier mouvement : le commandement *deux*, *trois*, décidera l'exécution de tous les autres.

Lorſque le Soldat connoîtra la poſition de chaque mouvement d'un temps, on lui montrera auſſitôt à exécuter ce temps, ſans s'arrêter ſur les différents mouvements.

De la charge en 12 temps.

ÉNONCÉ DES COMMANDEMENTS.	POUR exécuter. *Temps.*	POUR montrer. *Mouvements.*	EXPLICATION DES MOUVEMENTS.
1. *Chargez* == *vos armes.*	1.	2.	*Premier mouvement.* FAIRE *demi à droite* ſur le talon gauche ; placer le pied droit en équerre derriere le talon gauche, la boucle appuyant au talon ; tourner en même temps la platine en deſſus avec la main gauche ; ſaiſir la poignée du fuſil avec la main droite. *Second mouvement.* Abattre l'arme avec la main droite, lâchant la main gauche, qui vient en même

ÉNONCÉ DES COMMANDEMENTS.	POUR exécuter. *Temps.*	POUR montrer. *Mouvements.*	EXPLICATION DES MOUVEMENTS.
			temps saisir l'arme à la premiere capucine, le pouce alongé le long du bois, la crosse sous le bras droit, le bout du canon à hauteur de l'œil, la sougarde un peu en dehors, le coude gauche appuyé sur le côté : en même temps que l'arme tombe dans la main gauche, le pouce de la main droite se place contre la batterie au-dessus du chien, les quatre autres doigts de la main fermés, l'avant-bras droit le long de la crosse.
2. *Ouvrez* = *le bassinet.*	1.	1.	Ouvrir la batterie, en la poussant fortement avec le pouce de la main droite; porter la main à la giberne, & l'ouvrir.
3. *Prenez* = *la cartouche.*	1.	1.	Prendre une cartouche, la tenir entre le pouce & les deux premiers doigts, la porter tout de suite entre les dents, la main droite passant entre la crosse & le corps.
4. *Déchirez* = *la cartouche.*	1.	1.	Déchirer la cartouche jusqu'à la poudre, la tenant près de l'ouverture entre le pouce & les deux premiers doigts, la descendre tout de suite sur le bassinet.

ÉNONCÉ DES COMMANDEMENTS.	Pour exécuter. Temps.	Pour montrer. Mouvements.	EXPLICATION DES MOUVEMENTS.
5. *Amorcez.*	1.	1.	Baisser la tête ; porter l'œil sur le bassinet ; le remplir de poudre ; resserrer la cartouche près de l'ouverture avec le pouce & le premier doigt ; relever la tête ; porter la main droite derriere la batterie, en appuyant les deux derniers doigts dessus.
6. *Fermez ═ le bassinet.*	1.	1.	Fermer fortement le bassinet avec les deux derniers doigts, tenant toujours la cartouche dans les deux premiers ; saisir tout de suite la poignée du fusil avec les deux derniers doigts & la paume de la main droite.
7. *L'arme ═ à gauche.*	1.	2.	*Premier mouvement.* Redresser l'arme, en étendant fortement le bras droit de sa longueur ; tourner en même temps la baguette vers le corps ; couler la main gauche jusqu'à la seconde capucine, & faire face en tête en portant le pied droit en avant, le talon contre la boucle du pied gauche. *Second mouvement.* Lâcher alors le fusil de la main droite, pour la remon-

ÉNONCÉ DES COMMANDEMENTS.	POUR exécuter. Temps.	POUR montrer. Mouvements.	EXPLICATION DES MOUVEMENTS.
			ter à hauteur & à un pouce du bout du canon; descendre l'arme avec la main gauche le long & près du corps; poser la crosse à terre vis-à-vis & à quatre pouces de la boucle du pied gauche, la main gauche appuyée à la boucle du ceinturon.
8. *Cartouche* = *dans le canon.*	1.	1.	Porter l'œil sur le bout du canon; tourner brusquement la main droite pour renverser la poudre; secouer la cartouche, & laisser la main renversée.
9. *Tirez* = *la baguette.*	1.	2.	*Premier mouvement.* Baisser vivement le coude droit, & saisir la baguette entre le pouce alongé & le premier doigt ployé; chasser tout de suite la baguette à moitié hors des tenons; renverser vivement la main droite, le pouce en bas, le coude droit élevé, pour saisir la baguette près des tenons; achever de la tirer dans la même direction, en étendant le bras de toute sa longueur. *Second mouvement.* Tourner la baguette, le bras tendu, chaque Soldat

ÉNONCÉ DES COMMANDEMENTS.	POUR exécuter. Temps.	POUR montrer. Mouvements.	EXPLICATION DES MOUVEMENTS.
			en avant de lui, la baguette du 2.e & 3.e rang rasant l'épaule droite de leur Chef-de-file ; porter le gros bout dans le canon, la faire entrer jusqu'à la main.
10. *Bourrez.*	1.	1.	Etendre le bras de sa longueur, en remontant la main droite pour saisir la baguette avec le pouce alongé, le premier doigt ployé & les autres fermés ; la chasser avec force dans le canon, & la resaisir par le petit bout avec le pouce & le premier doigt, le coude droit joint au corps.
11. *Remettez = la baguette.*	1.	2.	*Premier mouvement.* Chasser vivement la baguette à moitié hors du canon ; descendre la main au bout du canon, la main renversée, le pouce en bas, le coude élevé à hauteur du poignet ; achever de la tirer, & rester le bras tendu. *Second mouvement.* La tourner comme il est expliqué au neuvieme temps, pour apporter le petit bout dans les tenons ; la faire glisser le long des tenons, & l'enfoncer tout de suite, en plaçant

ÉNONCÉ DES COMMANDEMENTS.	POUR exécuter. Temps.	POUR montrer. Mouvements.	EXPLICATION DES MOUVEMENTS.
			ſur le gros bout la main un peu ployée.
12. *Portez = vos armes.*	1.	3.	*Premier mouvement.* Elever l'arme le long du corps avec la main gauche, le petit doigt à hauteur de l'œil, le canon en dehors ; abaiſſer la main droite pour ſaiſir l'arme à la poignée ; alonger le pouce ſur la contreplatine. *Second mouvement.* Lâcher alors la main gauche & la porter ſous la croſſe, rapportant le pied droit à côté du gauche & ſur le même alignement. Dans cette poſition, l'arme eſt d'à-plomb dans la main gauche, & le bec de la croſſe appuyé à la hauteur ordonnée pour le port d'armes, le canon en dehors & vis-à-vis le défaut de l'épaule gauche. *Troiſieme mouvement.* Pouſſer l'arme avec la main droite, pour la placer contre l'épaule gauche, & laiſſer vivement tomber la main le long de la cuiſſe.

ÉNONCÉ DES COMMANDEMENTS.	POUR exécuter. *Temps.*	POUR montrer. *Mouvements.*	EXPLICATION DES MOUVEMENTS.
			Le temps d'apprêter les armes ſe montrera aux trois rangs, en deux mouvements.
			Poſition du premier rang.
Apprêtez=vos armes.	1.	2.	*Premier mouvement.*
			Tourner la pointe du pied gauche en dedans, juſqu'à ce qu'elle ſoit droite en avant; porter vivement le pied droit en arriere, le talon en l'air, reculant en même temps le corps qui ſe trouve alors porté ſur la pointe du pied droit & ſur la jambe gauche, dont le genou eſt un peu ployé; tourner en même temps l'arme avec la main gauche, la platine en deſſus; la ſaiſir à la poignée avec la main droite; lâcher auſſi-tôt la main gauche; apporter l'arme de la main droite, en la deſcendant un peu, vis-à-vis la cuiſſe droite; la reprendre de la main gauche à la premiere capucine, en lâchant la main droite qui vient ſaiſir la tête du chien avec le premier doigt & le pouce.
			Second mouvement.
			Poſer le genou droit à terre

ÉNONCÉ DES COMMANDEMENTS.	POUR exécuter. *Temps.*	POUR montrer. *Mouvements.*	EXPLICATION DES MOUVEMENTS.
			à dix ou douze pouces du talon gauche, ſix pouces ſur le côté; appuyer à terre, avec la main gauche, ſans frapper, le talon de la croſſe ſur l'alignement du talon gauche & du genou droit, l'arme droite ainſi que le corps, la croſſe poſée à terre; armer auſſi-tôt en appuyant le pouce ſur la tête du chien.
			Poſition du deuxieme rang.
			Premier mouvement.
			Comme le premier mouvement du premier temps de *chargez les armes.*
			Second mouvement.
			Placer la main gauche en frappant, le petit doigt joignant le reſſort de batterie, le pouce alongé le long du bois & à hauteur du menton, la contreplatine tournée vers le corps; porter en même temps le pouce de la main droite ſur la tête du chien, le premier doigt au-deſſus de la ſougarde, les trois autres doigts au-deſſous; fermer vivement le coude droit en armant, & ſaiſir la poignée.

ÉNONCÉ DES COMMANDEMENTS.	POUR exécuter. *Temps.*	POUR montrer. *Mouvements.*	EXPLICATION DES MOUVEMENTS.
			Position du troisieme rang. *Premier mouvement.* Comme le second rang, à l'exception que le pied droit se porte à 6 pouces du talon gauche sur le même alignement. *Second mouvement.* Comme le deuxieme rang.
En —— *joue.*	1.	1.	Appuyer la crosse contre l'épaule droite, le coude droit serré au corps; fermer l'œil gauche; diriger l'œil droit le long du canon; baisser la tête sur la crosse pour ajuster. *Le premier rang.* En alongeant vivement le bras gauche à hauteur de l'épaule, le premier doigt & le pouce de la main droite tenant la tête du chien pour faire faire la bascule à l'arme. *Les deuxieme & troisieme rangs.* En abaissant vivement le bout du canon, glisser la main gauche à la premiere capucine, dans les trois rangs; placer le premier doigt sur la détente, le premier rang tirant

ÉNONCÉ DES COMMANDEMENTS.	POUR exécuter. Temps.	POUR montrer. Mouvements.	EXPLICATION DES MOUVEMENTS.
			horizontalement, & les deux derniers abaissant un peu le bout du fusil.
Feu	1.	2.	*Premier mouvement.* Appuyer avec force le premier doigt sur la détente, sans baisser davantage la tête, & rester dans cette position. *Second mouvement.* Se relever brusquement; & tous les trois rangs retireront vivement leurs armes, la crosse sous le bras droit, pour prendre la position du deuxieme mouvement du premier temps de la *charge*, à l'exception que le pouce & le premier doigt de la main droite, qui sera fermée, saisiront la tête du chien pour le remettre au repos.
Le chien = *au repos.*	1.	1.	Relever le chien jusqu'au cran du repos; porter la main à la giberne & l'ouvrir. Si, après avoir fait *feu*, on ne veut point faire *charger les armes*, on commandera aussitôt après, *portez* = *vos armes*. Le Soldat mettra le chien au repos, fermera le bassinet, & portera l'arme.

ÉNONCÉ DES COMMANDEMENTS.	POUR exécuter. Temps.	POUR montrer. Mouvements.	EXPLICATION DES MOUVEMENTS.
Présentez = vos armes.	1.	2.	*Premier mouvement.* Tourner la platine en dessus avec la main gauche ; saisir la poignée avec la main droite, l'arme d'à-plomb. *Second mouvement.* Détacher l'arme de l'épaule; l'abandonner en même temps de la main gauche, pour achever de la tourner avec la droite ; la porter à plomb vis-à-vis l'œil gauche, la baguette en avant, le chien à hauteur du ceinturon, la main droite empoignant l'arme au-dessous & contre le chien & la sougarde ; la saisir en frappant avec la main gauche placer le petit doigt contre le ressort de batterie, le pouce alongé le long du canon contre la monture, l'avant-bras collé au corps sans être gêné; rester face en tête, & retirer le pied droit en équerre derriere le gauche, la boucle contre le talon.
Portez = vos armes.	1.	2.	*Premier mouvement.* Rapporter le pied droit, en frappant, à côté du gauche ; tourner l'arme avec la main droite, le canon en dehors

ÉNONCÉ DES COMMANDEMENTS.	POUR exécuter. *Temps.*	POUR montrer. *Mouvements.*	EXPLICATION DES MOUVEMENTS.
			vis-à-vis de l'épaule gauche ; deſcendre la main gauche ſous la croſſe. *Second mouvement.* Achever de porter l'arme. *Inſpection des armes.* La poſition du Soldat repoſé ſur l'arme, ſera toujours la main baſſe, le canon entre le premier doigt & le pouce, ces deux doigts alongés le long de la monture, les trois autres doigts alongés de même, le bout du canon à deux pouces de l'épaule, la baguette en avant, le talon de la croſſe contre la pointe du pied.
1. *Garde* = *à vous.*			
2. *Inſpection* = *des armes.*	1.	1.	Faire *à droite* ſur le talon gauche, en apportant le talon droit à côté du gauche & ſur le même alignement ; ſaiſir l'arme de la main gauche à hauteur du ceinturon ; incliner le bout du canon en arriere, le talon de la croſſe ne bougeant point, la baguette tournée vers le corps ; porter auſſi-tôt la main droite à la baïonnette, en écartant un peu l'arme du corps ; l'arracher du fourreau, la porter &

ÉNONCÉ DES COMMANDEMENTS.	Pour exécuter. Temps.	Pour montrer. Mouvements.	EXPLICATION DES MOUVEMENTS.
			la placer au bout du canon, en rapprochant l'arme du corps; saisir aussi-tôt la baguette entre le pouce & le premier doigt; la tirer comme il est expliqué à la *charge en 12 temps*; la laisser glisser dans le canon, & faire face en tête aussi-tôt, pour reprendre la premiere position.
			Si on ne veut faire mettre que la baïonnette, on commandera :
Baïonnette = au canon.	1.	1.	Mettre la baïonnette au bout du canon, & aussi-tôt faire face en tête.
			Si, la baïonnette étant au canon, on veut faire mettre la baguette dans le canon, pour faire l'inspection des armes après avoir tiré, on commandera :
Baguette = dans le canon.	1.	1.	Mettre la baguette dans le canon, & faire aussi-tôt face en tête.
			Alors chaque Officier prendra successivement l'arme du Soldat devant lequel il passera, & la lui rendra après l'avoir examinée.
Ouvrez = la giberne.	1.	1.	Porter la main gauche à la giberne, & l'ouvrir.

ÉNONCÉ DES COMMANDEMENTS.	Pour exécuter. Temps.	Pour montrer. Mouvements.	EXPLICATION DES MOUVEMENTS.
Fermez = la giberne.	1.	1.	Laisser retomber le couvercle de la giberne, la main gauche tombant pendante sur le côté. L'inspection finie, on commandera :
Remettez = la baguette.	1.	1.	Prendre la position indiquée au commandement *inspection des armes* ; remettre la baguette en son lieu, comme il est expliqué à la *charge en 12 temps*, & faire aussi-tôt face en tête.
Portez = vos armes.	1.	2.	*Premier mouvement.* Elever l'arme de la main droite, en la portant vis-à-vis l'épaule gauche, la faisant tourner, pour que le canon se trouve en dehors ; placer en même temps la main gauche sous la crosse, & laisser couler la droite quatre doigts au-dessus de la batterie. *Second mouvement.* Achever de la porter.
Reposez-vous = sur vos armes.	1.	2.	*Premier mouvement.* Alonger le bras gauche ; saisir l'arme avec la main droite au-dessus de la premiere capucine ; lâcher la main gauche, & porter l'arme tout de suite à droite, la crosse à trois pouces

ÉNONCÉ DES COMMANDEMENTS.	POUR exécuter. Temps.	POUR montrer. Mouvements.	EXPLICATION DES MOUVEMENTS.
			de terre, la baguette en dehors.
			Second mouvement.
			Laiſſer gliſſer la croſſe à terre, pour prendre la poſition indiquée avant le premier commandement de l'inſpection.
Poſez vos armes = *à terre.*	1.	2.	*Premier mouvement.*
			Tourner l'arme de la main droite, la contreplatine en avant; ſaiſir la bretelle de la giberne avec la main gauche; courber le corps bruſquement; avancer le pied gauche; poſer l'arme à terre avec la main droite, droit devant ſoi, le talon de la croſſe reſtant toujours à hauteur de la pointe du pied droit, le jarret droit tendu, le talon gauche vis-à-vis la premiere capucine.
			Second mouvement.
			Se relever ſans ployer le jarret droit; rapporter le pied gauche à côté du droit; laiſſer tomber la main gauche pendante.
Reprenez = *vos armes.*	1.	2.	*Premier mouvement.*
			Comme le premier mouvement de *poſer l'arme à terre.*
			Second mouvement.
			Relever l'arme; & auſſi-tôt que le pied gauche eſt arrivé

ÉNONCÉ DES COMMANDEMENTS.	POUR exécuter. Temps.	POUR montrer. Mouvements.	EXPLICATION DES MOUVEMENTS.
			à côté du droit, tourner l'arme avec la main droite, la baguette en avant, la main gauche tombant pendante.
Portez ═ *vos armes.*	1.	2.	*Premier & second mouvements.* Comme ci-dessus.
Portez l'arme ═ *au bras.*	1.	3.	*Premier mouvement.* Empoigner l'arme, en frappant, à quatre pouces au-dessous de la platine, sans tourner le fusil. *Second mouvement.* Quitter la crosse de la main gauche; placer l'avant-bras gauche étendu sur la poitrine contre le chien. *Troisieme mouvement.* Laisser tomber la main droite pendante.
Portez ═ *vos armes.*	1.	3.	*Premier mouvement.* Porter la main droite, en frappant, à la poignée de l'arme. *Second mouvement.* Placer la main gauche, en frappant, sous la crosse, pour fixer l'arme dans la position ordinaire. *Troisieme mouvement.* Laisser tomber la main droite pendante.

Attentions que doit avoir le Maître d'Exercice, en montrant le maniement d'armes.

Exécuter lui-même chaque mouvement qu'il montre, avant de le faire exécuter, afin de joindre l'exemple au précepte.

Aussi-tôt que les hommes de recrue sauront les mouvements d'un temps, leur montrer le temps en l'exécutant lui-même devant eux, sans s'arrêter sur les mouvements ; leur faire recommencer les mouvements, s'ils n'en ont pas bien saisi l'exécution ; faire conserver la position du corps & de la tête ; exiger vivacité dans l'exécution, immobilité après chaque mouvement ou chaque temps, précision dans les positions ; avoir attention que les bras seuls agissent, que l'arme passe toujours le plus près possible du corps ; montrer à chaque homme la position des trois *rangs* pour l'exécution des *feux*.

ARTICLE IV.

Troisieme Leçon.

ON passera ensuite à la charge précipitée, qui sera divisée en quatre temps principaux.

Charge précipitée.

Chargez —— *vos armes.*

Faire le premier temps de la *charge*, découvrir le bassinet, prendre la cartouche, la déchirer, & amorcer.

2.

Fermer le bassinet, passer l'arme à gauche, mettre la cartouche dans le canon.

3.

Tirer la baguette, la mettre dans le canon, & bourrer.

4.

Sortir la baguette, la remettre, & porter l'arme.

On montrera ensuite *la charge à volonté*, qui s'exécutera comme la *charge précipitée*, sans s'arrêter sur les quatre temps marqués.

On montrera ensuite l'exécution des *feux*.

Commandements pour les feux.

1.

Peloton.

2.

Armes.

3.

Joue.

4.

Feu.

Ces Commandements s'exécuteront comme il est prescrit, titre 3, art. 3.

On donnera les principes d'*alignement* & de *conversion*.

Commandements pour l'alignement.

Alignez — vous.

On s'alignera du côté vers lequel on aura la tête tournée.

A droite — alignez-vous.

Si on a la tête à gauche, on la tournera vivement à droite, & on s'alignera à droite.

A gauche = *alignez-vous.*

Ayant la tête à droite, on la tournera brusquement à gauche, & on s'alignera à gauche.

Sur le centre = *alignez-vous.*

On tournera la tête vers le centre, & on s'y alignera.

Principes d'alignement de pied ferme.

Conserver la position du corps & de la tête, telle qu'elle a été donnée dans la premiere leçon ; joindre l'homme qui est à côté de soi ; s'aligner à lui, de maniere à ne découvrir que la superficie de la poitrine du Soldat dont on est séparé ; prendre l'alignement successivement d'homme à homme avec la plus grande vivacité.

Principes généraux des mouvements de conversion.

Tous les mouvements de conversion se feront toujours au pas redoublé.

On fera le commandement *halte*, aussi-tôt que le mouvement de conversion sera achevé, & celui de *marche* pour reprendre le pas ordinaire.

Commandements pour les mouvements de conversion.

1.

Par peloton, { *à droite*, ou *à gauche*. }

2.

Marche.

3.

Halte.

4.

Marche.

Au second commandement, prendre le pas redoublé ; tourner brusquement les têtes vers l'aile qui marche, que conduira le Maître d'Exercice ; en suivre tous les mouvements pour conserver l'alignement ; ne point quitter le coude du côté du pivot, qui ne fera que tourner sur le talon gauche ; résister à la pression contre le côté qui marche : l'homme de l'aile marchante tournera seul la tête du côté du pivot.

Au troisieme commandement, arrêter & tourner la tête à droite.

Au quatrieme commandement, reprendre le pas ordinaire, qui seroit précédé du commandement *tête à gauche*, si, après le mouvement de conversion, on devoit marcher en avant, la tête tournée à gauche.

Mouvements de conversion par files.

Les trois hommes sur un rang, on commandera :

1.

A droite,

ou

à gauche.

2.

Par file, { *à droite,* ou *à gauche.* }

3.

Marche.

Au premier commandement, ils feront *à droite* ou *à gauche*, comme ci-deſſus.

Le deuxieme commandement ne ſervira que d'avertiſſement.

Au troiſieme commandement, la file fera un mouvement de converſion au pas, & dans la direction qu'indiquera le Bas-officier, qui, dans tous les mouvements de converſion par file, conduira toujours ſon premier homme, en ſe plaçant à côté de lui, les deux autres ſuivant leur Chef-de-file.

On leur montrera à ouvrir & ſerrer les rangs, comme il ſera preſcrit au titre 5, article 2.

Lorſque le Commandant de l'Ecole d'Inſtruction aura pluſieurs files inſtruites, il les réunira pour en former des pelotons, qui n'excéderont jamais dix files; il les exercera lui-même, ou les fera exercer par un des Officiers deſtinés à l'aider: on attachera à ces pelotons des Officiers & Bas-officiers qui ſeront à l'Ecole d'inſtruction.

On leur fera exécuter alors tout ce qui va être preſcrit au titre 4 de l'*Inſtruction des Compagnies.*

On pourra réunir deux de ces pelotons, mais jamais un plus grand nombre.

ARTICLE V.

De l'Ecole des Tambours.

LE Tambour-major ſera chargé de l'inſtruction des Tambours, & en ſera reſponſable à l'Aide-major chargé de l'Ecole d'inſtruction, & à l'Aide-major de ſon bataillon. Le plus ancien Tambour de chaque bataillon répondra de ceux de ſon bataillon, ſi les bataillons ſont ſéparés.

Cette inſtruction doit embraſſer la tenue, la marche & la maniere dont les Tambours doivent battre toutes les batteries avec préciſion.

On ſuivra la marche & les batteries réglées en 1754 pour l'Infanterie Françoiſe, & les réglements particuliers envoyés aux régiments Etrangers.

L'uſage des batteries eſt prohibé dans les Ecoles d'inſtruction & dans les manœuvres : on ne s'en ſervira même dans la *marche en bataille*, que lorſque cela ſera expreſſément ordonné.

TITRE IV.

De l'Inſtruction particuliere des Compagnies.

ARTICLE PREMIER.

De l'Alignement, de la Charge & des Feux.

LE Capitaine exercera lui-même ſa Compagnie.

Tout Officier, de quelque grade qu'il puiſſe être, qui ne ſera pas en état de commander ſa troupe, ſera remplacé par un autre, & envoyé par le Commandant à l'Ecole d'inſtruction.

Une troupe qui ſera vue par un Officier ſupérieur, ſoit à rangs ouverts, ſoit à rangs ſerrés, aura la tête à droite, à moins que la perſonne qui devra la voir, ne vienne de la gauche ; auquel cas on lui fera le commandement

Tête —— *à gauche.*

Au commandement *en avant*, dans la *marche en bataille*, les Compagnies qui doivent être pelotons de *droite* dans le bataillon, tourneront la tête à gauche : les Compagnies qui doivent être pelotons de *gauche*, auront la tête à droite : elles obſerveront l'inverſe, lorſqu'elles marcheront par le dernier rang.

La Compagnie étant arrivée ſur le terrain où elle devra exercer, le Commandant fera ouvrir les rangs, comme il eſt dit au titre 5, article 2.

Le Capitaine, le Lieutenant & le Sous-lieutenant ſe porteront à la droite de chaque rang, pour rectifier l'alignement.

On exercera les Soldats à s'aligner très-promptement ; & pour cet effet on changera la direction des premieres files du premier rang. Le Lieutenant & le Sous-lieutenant aligneront les ſecond & troiſieme rangs parallélement au premier.

Après avoir pris quelques alignements, on fera *préſenter les armes.*

On fera exécuter la *charge en douze temps*, & la *charge précipitée.*

On fera *ſerrer les rangs*, & on exécutera la *charge à volonté*, & les *feux.*

Attentions du Commandant de compagnie en exerçant de pied ferme.

Le Commandant de compagnie obſervera que le Soldat prenne ſon alignement avec la plus grande vivacité ; qu'il joigne bras à bras l'homme qui eſt à côté de lui ; qu'il conſerve exactement la poſition preſcrite dans la premiere leçon.

Dans la *charge en douze temps*, il examinera ſcrupuleuſement le Soldat ſur les poſitions, ſur la vivacité de l'exécution de chaque temps, & ſur l'immobilité après chaque temps.

Dans la *charge précipitée*, il examinera le Soldat ſur la poſition des quatre temps principaux.

Dans la *charge à volonté*, il renverra à l'Ecole d'instruction le Soldat qui finit habituellement le dernier, ou qui ne passe pas exactement par tous les temps de la *charge*.

Dans les *feux*, il examinera l'emboîtement; mettra entre le commandement *armes* & le commandement *joue*, le temps suffisant pour que le Soldat ait armé; obligera le Soldat à viser, en couchant *en joue*, & à regarder le bout du canon.

Il fera souvent le commandement *re = mettez-vous*, sans avertissement, & après avoir commandé *joue*, le commandement *feu*, aussi sans avertissement, examinant par lui-même, ou par les Serre-files, si le chien est abattu après ce commandement, ou si le Soldat a tiré lorsqu'on a fait celui de *re = mettez-vous*.

Dans tous les exercices de détail, les chiens seront garnis en bois.

Si, après cet exercice, on ne doit point tirer à poudre, chaque Soldat aura dans sa giberne trois cartouches de bois.

Si on doit tirer à poudre, on ne portera point de cartouches de bois.

Si, après avoir exercé en détail par compagnie, on doit faire tirer à poudre par compagnie, ou par régiment, les chiens ne seront armés de pierres que lorsque le détail sera fini.

On fera usage de pierres & cartouches de bois dans les premieres Ecoles.

Lorsque les chiens seront armés de pierres, on aura soin que les angles en soient arrondis.

Tous ces objets feront partie de l'inspection que tout Commandant doit faire de sa troupe avant de sortir du quartier.

ARTICLE II.

De la Marche.

Le troiſieme Sergent de chaque compagnie ſe placera à la droite, ou à la gauche du premier rang, ayant derriere lui, au troiſieme rang, le premier Sergent dans les pelotons de gauche qui doivent marcher, avec la tête à droite, le ſecond Sergent dans les pelotons de droite qui doivent marcher, avec la tête à gauche, ſuivant la poſition que doivent avoir les compagnies dans le bataillon.

Au commandement *en avant*, le troiſieme Sergent ſe portera quatre pas en avant, pour figurer les drapeaux, & ſera remplacé au premier rang par le Sergent qu'il aura derriere lui, & qui repréſentera alors le centre du bataillon.

Le Commandant indiquera, ſur le prolongement des deux têtes de ces Sergents, le point de vue qui doit ſervir de direction dans la marche.

Le Sergent du premier rang maintiendra le troiſieme Sergent dans le point de vue.

Au commandement *marche*, le peloton ſe portera en avant, en ſe conformant exactement à la direction & à l'alignement du Sergent repréſentant le centre.

Attentions des Chefs-de-peloton dans la marche en avant.

Le Chef-de-peloton doit avoir attention que le point de vue qu'il a indiqué ſoit continuellement obſervé; que le Sergent qui eſt au premier rang y maintienne celui qui eſt en avant.

Que la totalité du rang pouſſe le corps en avant; que les épaules ne tournent ni à droite, ni à gauche;

que les files ſoient jointes bras à bras, ſans ſerrer; que les derniers rangs conſervent toujours la diſtance d'un pied qui doit les ſéparer de leur Chef-de-file; que le pas ſoit conſtamment de la longueur & de la vîteſſe ordonnée.

Si, dans un terrain difficile, le Soldat perd le pas, il doit le reprendre ſur le champ, en jetant les yeux ſur celui qui le marque.

Le Chef-de-peloton doit ſe porter par-tout, aux ailes, au centre; marquer le pas lui-même de temps en temps.

Il fera reſter ſa troupe en mouvement, ſans avancer, par le commandement *marquez* = *le pas*; il le fera quelquefois raccourcir, ſouvent alonger; exigera alors que le corps ſe porte encore plus décidément en avant.

Il remédiera aux plus petits défauts dans l'alignement, & fera tous ſes commandements d'un ton ferme, bref, & de toute l'étendue de ſa voix.

Attentions dans la marche oblique.

Il déterminera lui-même l'obliquité de la marche, exigera que le peloton entier appuie en même temps à droite ou à gauche, que les épaules reſtent carrément.

Il prendra garde ſur-tout que l'épaule oppoſée au côté vers lequel on appuie, n'avance hors du rang; que les files reſtent jointes bras à bras du côté de l'alignement.

Il fera quitter le point de vue aux Sergents qui figurent les drapeaux, dès que la marche oblique commencera; & en indiquera un autre dès qu'il fera le commandement *en avant* = *marche*.

Il fera ouvrir quelquefois les rangs, en marchant

à deux pas de diſtance, comme il eſt détaillé au titre 5, article 2, pour examiner plus en détail les poſitions.

Les Lieutenant & Sous-lieutenant ſe porteront alors à la droite ou à la gauche des deuxieme & troiſieme rangs.

Les Sergents rentreront en ſerre-files, à l'exception du premier Sergent, qui reſtera à la droite du premier rang.

Si, en marchant à rangs ouverts, il veut faire exécuter des mouvements de converſion, il commandera : *par peloton* = *à droite*, ou *à gauche*. A ce commandement les rangs ſerreront avec la plus grande vivacité : dès qu'ils ſeront ſerrés, il commandera : *marche*.

Le peloton converſera au pas redoublé, la tête vers l'aile qui marche, le rang aligné à tous les inſtants de la converſion, que le Commandant n'arrêtera que lorſqu'il le jugera à propos.

Voulant arrêter la converſion, il commandera *halte* & *marche*. A ce commandement, les deuxieme & troiſieme rangs ouvriront leurs rangs, ainſi qu'il eſt expliqué au titre 5, article 2.

Mais ſi la tête doit tourner à gauche, après avoir arrêté le mouvement de converſion, il commandera : *tête à gauche*, *marche*.

Il fera marcher tous les différents pas, ainſi qu'il a été preſcrit au titre 3, articles 3 & 4.

Attentions dans la marche de flanc.

Il obſervera qu'elle s'exécute au pas ordinaire & au pas redoublé ; que toutes les files partent en même temps, en pouſſant le corps en avant, au commandement *marche*, & que chaque homme conſerve toujours cette impulſion : il ne ſouffrira point d'alongement entre les files ; il obſervera que la premiere file ſoit toujours conduite par un Officier ou Sergent placé à côté d'elle.

Il fera marcher alternativement par le flanc droit & par le flanc gauche.

Attentions dans les mouvements de converſion par files.

IL obſervera que la premiere file ſuive exactement l'Officier placé à côté d'elle ; que chaque file tourne ſans arrêter.

On fera exécuter au peloton le paſſage de l'obſtacle, en ſe conformant, pour les commandements & l'exécution, à ce qui ſera preſcrit au titre 10 de la *Marche en bataille*, article 3.

Lorſque les Compagnies auront été ſuffiſamment exercées ſéparément, on réunira les deux pelotons d'une même diviſion, qui ſeront commandés par le Chef-de-diviſion, & exercés enſemble à la *marche de front*.

Cette diviſion ſe rompra auſſi à droite ou à gauche par peloton, ſe reformera par les mouvements contraires. Lorſque ces deux pelotons marcheront en colonne l'un derriere l'autre, l'Officier du peloton qui aura la tête, marchera ſur un point de vue indiqué : l'Officier du ſecond peloton, ainſi que celui du premier, placé au pivot par lequel on devra ſe reformer, maintiendra l'Officier du premier ſur le point de vue.

Lorſqu'on réunira deux ou un plus grand nombre de pelotons, & que, marchant l'un derriere l'autre à rangs ouverts ou à rangs ſerrés, ils devront faire des mouvements de converſion ſucceſſivement sur le terrein du premier peloton, ces mouvements de conversion s'exécuteront toujours à un pas double de celui que marchoit la colonne.

La conversion étant faite, le Chef-de-peloton commandera *halte*, & portera la plus grande attention à commander *marche*, au moment où il aura sa distance pour reprendre exactement le pas du peloton qui le précede.

On les exercera au surplus à tous les objets relatifs à la *Marche en bataille*, aux *Manœuvres* & aux *Feux* qui vont être indiqués ci-après.

Lorsque les divisions seront suffisamment exercées, on réunira le bataillon, & il sera dressé & instruit par l'Aide-major, en se conformant à ce qui est prescrit aux titres de la *Marche en bataille*, des *Manœuvres* & des *Feux*.

TITRE V.

Manœuvres de détail.

ARTICLE PREMIER.

Former la Compagnie, & border la haie.

LA Compagnie étant en haie par rangs de taille de droite à gauche, on divisera le rang en trois parties égales : celle de la droite formera le premier rang; celle du centre, le troisieme; & celle de la gauche, le deuxieme.

On commandera ensuite :

1.

Formez — *la Compagnie.*

2.

Marche.

3.

Front.

4.

Alignez-vous.

Au premier commandement, le premier rang ſera *à gauche*, le ſecond *à droite*, & le troiſieme ne bougera.

Au ſecond commandement, le troiſieme rang ne bougera; le ſecond rang viendra par le *pas de flanc* ſe placer immédiatement devant le troiſieme, & le premier devant le deuxieme.

Au troiſieme commandement, les deux premiers rangs feront *front* à droite & à gauche.

Au quatrieme commandement, on s'alignera à droite.

Pour ſe remettre en haie, on commandera:

1.

A droite & *à gauche* } = *bordez la haie.*

2.

Marche.

3.

Halte.

4.

Front.

5.

Alignez-vous.

Au premier commandement, les deux premiers rangs feront : le premier, *à droite* ; le second, *à gauche* : le troisieme ne bougera pas.

Au deuxieme commandement, les deux premiers rangs marcheront le *pas de flanc.*

Au troisieme commandement, ils s'arrêteront.

Au quatrieme, ils feront *front.*

Au cinquieme commandement, ils s'aligneront à droite.

ARTICLE II.

Ouvrir & serrer les rangs de pied ferme & en marchant.

LORSQU'UN régiment étant en bataille sur trois rangs serrés, on voudra les faire ouvrir à deux ou quatre pas de distance, on commandera :

1.

A deux ou quatre pas de distance = ouvrez les rangs.

2.

Marche.

Au second commandement, le premier rang ne bougera pas ; le deuxieme & le troisieme se reculeront brusquement en arriere & sans compter les pas ; le deuxieme rang, à deux ou quatre pas ; le troisieme, à quatre ou à huit.

Pour serrer les rangs, on commandera :

1.

Serrez les rangs.

2.

Marche.

Au second commandement, le premier rang ne bougera pas, & les deux derniers rangs serreront brusquement sur le premier.

Soit en ouvrant les rangs, ſoit en les ſerrant, tous les Officiers, les Fourriers & les Sergents, tant de ſerre-files, qu'autres, ſuivront toujours le mouvement de la troupe.

Pour ouvrir & ſerrer les rangs en marchant.

On commandera :

Ouvrez ═ *vos rangs.*

A ce commandement, le premier rang continuera de marcher ; les ſecond & troiſieme rangs s'arrêteront en marquant le pas.

Au troiſieme pas du premier rang, le deuxieme rang marchera en avant ; & au troiſieme pas du deuxieme rang, le troiſieme rang en fera de même.

Pour ſerrer les rangs en marchant, on commandera :

Serrez ═ *vos rangs.*

A ce commandement, les deux derniers rangs prendront le pas redoublé pour ſerrer ſur le premier, & chaque rang prendra le pas ordinaire auſſi-tôt qu'il ſera ſerré.

ARTICLE III.

De la Contre-marche.

ELLE s'exécutera toujours par la droite, & en paſſant derriere le troiſieme rang. On commandera :

1.

Contre-marche.

2.

A droite.

3.

Marche.

Au second commandement, tout le peloton fera *à droite.*

Au troisieme commandement, la premiere file devenue *rang*, fera la *demi-conversion à droite :* toutes les autres viendront passer sur le terrain qu'occupoit la premiere.

La droite étant arrivée au point qu'occupoit la gauche, on commandera, *halte*, *front*, pour faire face par le premier rang.

ARTICLE IV.

Rompre & former les pelotons en marchant.

POUR rompre le peloton, on commandera :

En avant rompez = le peloton.

A ce commandement, la deuxieme section marquera le pas ; la premiere marchera obliquement *à gauche*, pour passer devant la deuxieme, qui marchera obliquement *à droite*, pour se mettre derriere la premiere. Les files des ailes étant dans la même direction, on commandera, *en avant = marche.*

Pour former le peloton, on commandera :

1.

Formez = le peloton.

2.

Marche.

Au second commandement, la premiere section marchera obliquement *à droite* ; la seconde, obliquement *à gauche*. Au commandement du Chef-de-peloton, dès que la seconde sera démasquée par la premiere, on commandera à la premiere, *en avant = marche*, en même temps qu'un Officier de serre-file commandera à la seconde, *pas redoublé = marche*, pour la porter à côté de la premiere, & en reprendre le pas au commandement du Chef-de-peloton.

La premiere continuera de marcher le pas ordinaire; la seconde prendra le pas redoublé, & le pas ordinaire quand elle sera sur l'alignement de la premiere.

Dans cet exemple, on suppose un peloton faisant partie d'une colonne qui a sa droite en tête.

Un peloton faisant partie d'une colonne, qui a sa gauche en sa tête, exécuteroit les mouvement contraires: ce qui a marché obliquement à *gauche*, marcheroit obliquement *à droite*; ce qui a marché obliquement *à droite*, marcheroit obliquement *à gauche*: la seconde section passeroit devant la premiere.

Une division qui devroit se rompre, ou se former, exécuteroit par peloton ce qui vient d'être prescrit par section.

ARTICLE V.

Doublement des files, pour marcher en route par le flanc à six de front.

CE mouvement s'exécutera par la *droite* ou par la *gauche*.

Pour doubler par la *droite*, on commandera:

1.

Bataillon, = *à droite.*

2.

Secondes sections, = *doublez les files.*

3.

Marche.

Au premier commandement, tout le bataillon fera *à droite*.

Le ſecond commandement ne ſervira que d'avertiſſement.

Au troiſieme commandement, les ſecondes ſections, en ſe déboitant ſur leurs droites, doubleront ſur la droite des premieres, qui n'auront pas bougé : tous les Officiers, Bas-officiers de ſerre-files ſeront placés alors ſur le flanc droit des ſecondes ſections, les Chefs-de-peloton ſur le flanc gauche des premieres.

Ce premier mouvement exécuté, on commandera :

1.

Prenez vos diſtances.

2.

Marche.

Au ſecond commandement, tout le bataillon marquera le pas ; mais les premieres files devenues rangs dans chaque peloton, prendront le pas ordinaire, pour que les autres rangs puiſſent prendre ſucceſſivement un pas de diſtance entr'eux, & que la colonne ne s'alonge pas.

On obſervera l'inverſe, ſi on veut faire ce mouvement par la gauche : les premieres ſections doubleront alors ſur la droite des ſecondes.

Pour ſe remettre en bataille, on commandera :

1.

Halte.

2.

En avant & en arriere, — *ſerrez vos files.*

3.

Front.

4.

Alignez-vous, ou *à gauche, alignez-vous.*

Au premier commandement, tout le bataillon s'arrêtera.

Au second commandement, si on a marché par la droite, toutes les files des premieres sections serreront au pas redoublé en avant, & toutes les files des secondes sections serreront vivement en arriere.

Si on a marché par la gauche, les secondes sections serreront en avant, & les premieres en arriere.

Au troisieme commandement, tout le bataillon fera face en tête.

Au quatrieme commandement, les secondes sections marcheront vivement en avant, pour s'aligner à droite ou à gauche sur les premieres sections.

TITRE VI.

De la Formation.

ARTICLE PREMIER.

Formation des Régiments en bataille. PLANCHE I. *Fig. 1.*

LES bataillons seront rangés de droite à gauche, dans l'ordre ci-après :

Premier,

Deuxieme,

Troisieme,

Et quatrieme.

Ils seront toujours formés sur trois rangs,

L'intervalle entre les bataillons, soit de pied ferme, soit en marchant, sera de six toises.

La distance entre les rangs sera d'un pied, mesuré de la poitrine de l'homme du second & du troisieme rang au dos de son Chef-de-file.

Les files seront jointes bras à bras.

PLANCHE I. Fig. 2.

Subdivision du Bataillon.

Un bataillon, deux demi-rangs, quatre divisions, huit compagnies appellées *pelotons*.

Le demi-rang de droite sera composé de la premiere & deuxieme division.

Le demi-rang de gauche, de la troisieme & quatrieme division.

Dans les régiments de deux bataillons, la premiere division sera composée de la compagnie du Chef-de-bataillon, & de celle du cinquieme Factionnaire, qui seront appellées *premier* & *deuxieme pelotons*. La seconde division, de celle du deuxieme Factionnaire, & de celle du Colonel dans les premiers bataillons, de celle du Lieutenant-colonel dans les seconds, appellées *troisieme* & *quatrieme pelotons*. La troisieme division, de celle du troisieme Factionnaire, & de celle du septieme, appellées *cinquieme* & *sixieme pelotons*. La quatrieme division, de celle du quatrieme Factionnaire, & de celle du huitieme, appellées *septieme* & *huitieme pelotons*. Dans les régiments d'un seul bataillon, la compagnie du Lieutenant-colonel sera appellée *sixieme peloton*, & la compagnie du sixieme Factionnaire, *huitieme peloton*.

Dans les régiments de quatre bataillons, la compagnie du premier Chef-de-bataillon sera à la droite du troisieme bataillon; la compagnie du second Chef-de-bataillon, à la droite du quatrieme bataillon ; la compagnie du troisieme Chef-de-bataillon, à la droite du premier bataillon ; & la compagnie du quatrieme Chef-de-bataillon, à la droite du second. Les autres compagnies seront placées dans chaque bataillon, en suivant le même ordre.

Les compagnies de Grenadiers seront distribuées dans l'ordre ci-après : sçavoir ; la premiere, au premier bataillon ; la seconde, au deuxieme bataillon ; ainsi des autres.

ARTICLE II.

Formation des Compagnies, & position de celles des Grenadiers.

LES compagnies de Fusiliers seront formées par rangs de taille de droite à gauche.

Chaque peloton sera divisé en deux sections ; la seconde section sera marquée par un Caporal placé au premier rang d'une file pleine, à la droite de la deuxieme section.

Les compagnies de Grenadiers seront formées par rangs de taille de droite à gauche, & divisées en deux sections, comme les compagnies de Fusiliers.

Elles seront placées à la droite, dans les bataillons impairs ; à la gauche, dans les bataillons pairs.

Dans les régiments de trois bataillons, les compagnies de Grenadiers du second & du troisieme bataillon seront placées à la gauche.

Les Caporaux de Grenadiers & de Fusiliers seront également placés par rangs de taille entr'eux, mais aux droites & aux gauches des pelotons, & de préférence au premier & au troisieme rang.

ARTICLE III.

PLANCHE I.

Places des Officiers ſupérieurs & de l'Etat-major.

LORSQUE le régiment ſera en bataille, le Colonel ou le Commandant du régiment ſera à cheval pour ſe porter par-tout où beſoin ſera.

Dans une attaque de poſte, ou quelqu'autre occaſion de guerre où le terrain ne permettroit pas de combattre à cheval, il ſe placera à pied, au bataillon qui aura la tête de l'attaque, à la droite du Chef de ce bataillon.

Le Lieutenant-colonel commandera le ſecond bataillon : le Major commandera le premier bataillon, quand il ne ſera pas Major de brigade.

Dans les régiments de quatre bataillons, le premier Chef de bataillon commandera le troiſieme bataillon, & le deuxieme Chef de bataillon, le quatrieme bataillon, s'ils ſont en état de bien commander les manœuvres : dans le cas contraire, ils marcheront à leurs compagnies de Fuſiliers.

Il en ſera de même pour les troiſiemes & quatriemes Chefs de bataillon, qui ſeroient dans le cas de remplacer, en cas d'abſence, au premier & au ſecond bataillon, le Major & le Lieutenant-colonel.

Les Chefs de bataillon ſeront à pied, huit pas en avant du premier rang, au centre de leur bataillon, lorſqu'il ſera en bataille de pied ferme, ou lorſqu'il marchera en ligne : dans tous les autres cas, ils pourront monter à cheval pour ſe porter plus promptement où leur préſence ſera indiquée dans les manœuvres.

L'Aide-major ſera placé derriere le centre du

bataillon ſix pas en arriere des Serres-files : le Sous-aide-major derriere la droite, ſix pas en arriere des Serre-files.

ARTICLE IV.

Places des Officiers & Sergents dans les Compagnies de Fuſiliers.

PLANCHE I. *Fig. 1.*

LE Capitaine à la droite du premier rang, ayant derriere lui, au troiſieme rang, le premier Sergent; le Lieutenant à deux pas en arriere du dernier rang, vis-à-vis la ſeconde file droite de la premiere ſection; le Fourrier derriere la ſeconde file gauche de la premiere ſection; le ſecond Sergent vis-à-vis la ſeconde file droite de la ſeconde ſection; le Sous-lieutenant vis-à-vis la ſeconde file gauche de la ſeconde ſection.

Dans les huitiemes pelotons de chaque bataillon, le Capitaine ſera à la gauche du premier rang, ayant derriere lui, au troiſieme rang, le premier Sergent; le Sous-lieutenant à la droite du premier rang; le ſecond Sergent placé derriere lui au troiſieme rang; le Fourrier en ſerre-file vis-à-vis la ſeconde file droite de la premiere ſection; le Lieutenant auſſi en ſerre-file vis-à-vis la deuxieme file gauche de la deuxieme ſection. Deux Caporaux tirés du huitieme peloton, completteront les quatre Serre-files de ce peloton.

Places des Officiers & Sergents des Compagnies de Grenadiers.

DANS les bataillons qui ont leurs compagnies de Grenadiers à leur droite, le Capitaine ſera à la droite du premier rang, ayant derriere lui, au troiſieme rang, le premier Sergent; le Lieutenant en ſerre-file derriere la ſeconde file droite de la premiere ſection ; le Fourrier derriere la ſeconde file gauche de cette ſection ; le Sous-lieutenant vis-à-vis la ſeconde file gauche de la deuxieme ſection ; le ſecond Sergent vis-à-vis la ſeconde file droite de cette ſection. Dans les bataillons qui ont leurs Grenadiers à leur gauche, le Capitaine ſera à la gauche du premier rang, ayant derriere lui, au troiſieme rang, le premier Sergent ; le Lieutenant en ſerre-file derriere la ſeconde file gauche de la deuxieme ſection ; le Sous-lieutenant derriere la ſeconde file droite ; le Fourrier à la droite du Lieutenant ; le ſecond Sergent à la gauche du Sous-lieutenant.

Le Capitaine titulaire de Grenadiers ne quittera point ſa compagnie pour remplacer le Chef-de-bataillon.

Dans les compagnies de Fuſiliers, les places des Officiers qui manqueront, ſeront remplies : ſçavoir ; celle du Capitaine, par le Lieutenant ; celle du Lieutenant, par le Sous-lieutenant ; celle du Sous-lieutenant, par le Fourrier, ou le plus ancien Sergent ; celle du Porte-drapeau, par un Fourrier ; celle des Sergents, par des Caporaux ; les Caporaux remplaceront les Sergents de ſerre-file.

Lorſque les pelotons ne ſeront que de douze files & au-deſſous, on ne remplacera pas les ſerre-files manquants : on les égaliſera à trois par pelotons ſur tout le bataillon ; mais il n'y en aura jamais moins de deux par peloton.

ARTICLE V.

PLANCHE I. *Fig. 1.*

Compoſition & formation du peloton des Drapeaux.

LES deux Officiers Porte-drapeaux, avec les huit

troiſiemes Sergents de chaque compagnie de Fuſiliers, compoſeront le peloton des drapeaux.

Les deux Officiers Porte-drapeaux ſeront placés au centre du premier rang, un Sergent à la droite, & un Sergent à la gauche : au deuxieme rang, quatre Sergents : au troiſieme rang, un Sergent derriere la file droite, & un Sergent derriere la file gauche.

La poſition du peloton des drapeaux dans le bataillon, ſera à la droite du cinquieme peloton, qui ſera plus fort que les autres de ces quatre files.

Les trois files de gauche du quatrieme peloton, & les trois files de droite du cinquieme peloton, ſeront compoſées des Soldats les mieux dreſſés de chacun de ces pelotons.

Le Chef du cinquieme peloton ſera placé à la gauche des trois files de ſon peloton, qui joignent les drapeaux.

Les quatre files compoſées des Porte-drapeaux & troiſiemes Sergents, ſe rompront toujours avec le cinquieme peloton.

ARTICLE VI.

Place des Tambours.

PLANCHE I. *Fig. 1.*

LES Tambours ſeront à quinze pas derriere les Serre-files, ſur deux rangs, & au centre du bataillon.

Les Muſiciens ſeront avec ceux du premier bataillon.

ARTICLE VII.

Formation en parade.

PLANCHE I. *Fig. 2.*

LE régiment ſera en bataille ſur trois rangs ouverts à quatre pas de diſtance.

Tous les Officiers & Porte-drapeaux, à quatre pas en avant du premier rang, alignés à droite, ainsi que les trois rangs. Le Capitaine au centre de la compagnie; le Lieutenant vis-à-vis le centre de la premiere section; le Sous-lieutenant vis-à-vis le centre de la seconde section; les Porte-drapeaux entre les Officiers du quatrieme & cinquieme peloton, & sur le même alignement: les Sergents qui, dans la formation en bataille, sont au troisieme rang derriere le Capitaine, le remplaceront au premier rang.

Les troisiemes Sergents de chaque compagnie, qui, dans la formation en bataille, sont au peloton des drapeaux, se formeront sur deux rangs: sçavoir; quatre Sergents au premier rang, & quatre au troisieme.

Le Colonel ou le Commandant du régiment, à quatre pas en avant des drapeaux du premier bataillon; le Lieutenant-colonel, à deux pas en avant des drapeaux du deuxieme bataillon.

Le Major sur la gauche du Colonel, à deux pas en avant des drapeaux.

Dans les troisieme & quatrieme bataillons, les Officiers désignés pour les commander, seront à deux pas en avant des drapeaux de chaque bataillon.

Chaque Aide-major à la droite, le Sous-aide-major à la gauche, tous deux sur l'alignement du premier rang, entre l'homme de droite ou de gauche & les Tambours.

Les Tambours & Musiciens sur deux rangs, à la droite de leur bataillon, alignés avec les deux premiers rangs.

Le Tambour-major à deux pas en avant du premier rang des Tambours du premier bataillon.

Les Officiers seront reposés sur leurs armes, dans la position prescrite, titre 2, article 2.

Les Sergents & les Soldats porteront les armes, & les Tambours se tiendront prêts à battre.

Lorsque la personne qu'on doit recevoir se sera approchée, & qu'elle se présentera pour parcourir le front du régiment, si les Officiers doivent saluer, les Tambours battront, les Soldats présenteront les armes, les Officiers & les Porte drapeaux salueront par compagnie, à mesure que ladite personne passera devant eux.

ARTICLE VIII.

De la maniere de défiler dans les revues d'honneur.

LORSQUE le régiment devra défiler en parade, on fera serrer les rangs, & rompre à droite par peloton, ou division; les Officiers de chaque compagnie gardant en avant des pelotons ou divisions, les places qu'ils occupoient en parade de pied ferme.

Les huit Sergents des drapeaux & le premier Sergent du cinquieme peloton formeront alors trois files pleines à la droite de ce peloton.

Les Porte-drapeaux se placeront en avant du centre du cinquieme peloton, sur l'alignement des Officiers.

Le Tambour-major & les Tambours du premier bataillon se placeront à quatre pas en avant du Capitaine de Grenadiers: les Tambours des autres bataillons seront placés de même à la tête de leur bataillon.

Le Colonel, ou le Commandant du régiment à cheval, se placera à la tête du premier peloton, ou de la premiere divifion du premier bataillon, à quatre pas en avant des Officiers.

Le Lieutenant-colonel à cheval, de même à quatre pas en avant des Officiers du premier peloton, ou de la premiere divifion de fon bataillon.

L'Aide-major fe mettra à la tête de la premiere compagnie de Grenadiers, à quatre pas en avant du Tambour-major.

Le Major à cheval à la tête du premier peloton, ou de la premiere divifion du premier bataillon, à la gauche du Commandant du régiment, & les Aides-major des autres bataillons, à quatre pas en avant des Tambours de leur bataillon.

Les Sous-aides-major fe tiendront fur les ailes de leur bataillon, pour le faire défiler dans le plus grand ordre ; & lefdits Sous-aides-major défileront à deux pas en arriere des Serre-files du dernier peloton, ou de la derniere divifion de leur bataillon.

Le Sous-aide-major du dernier bataillon du régiment défilera à la queue du tout, avec le Quartier-maître.

Dans les régiments d'un bataillon, le Lieutenant-colonel fe placera à la droite du Colonel, tant de pied ferme qu'en défilant.

Dans les régiments de quatre bataillons, les Officiers défignés pour les commander défileront à pied, deux pas en avant des drapeaux de leur bataillon.

Au commandement *marche*, tous les Officiers & les premiers rangs des divifions ou pelotons s'ébranleront, les deuxiemes & troifiemes rangs les fuivront, en prenant quatre pas de diftance d'un rang à l'autre.

On obfervera que les files des ailes foient alignées

ſur le côté où ſera la perſonne devant laquelle on devra défiler.

En approchant de la perſonne que l'on devra ſaluer, on ſe conformera à ce qui a été preſcrit pour le ſalut, au titre 2, article 4.

TITRE VII.

De la Marche des Compagnies au lieu de l'aſſemblée de leur bataillon, & de leur arrivée ſur le terrain.

ARTICLE PREMIER.

De l'Aſſemblée des Compagnies au quartier.

LORSQUE toute l'Infanterie d'une place ou d'un quartier devra prendre les armes, tous les Tambours battront la générale; mais s'il n'y a qu'un régiment ou qu'un bataillon qui doive prendre les armes, les Tambours du régiment, ou bataillon, rappelleront devant leur quartier.

A ce ſignal, chaque Caporal ſe rendra avec les Soldats de ſa chambrée au rendez-vous de la compagnie, où ſe trouveront les Sergents & le Fourrier, pour former la compagnie en haie; les Soldats repoſés ſur les armes, en faire l'appel, y examiner les différentes parties de l'armement, de l'équipement & de l'habillement.

Les Officiers ſe rendront auſſi-tôt après au rendez-vous de leur compagnie.

Le Commandant de la compagnie, après s'être fait rendre compte s'il n'y manque perſonne, passera par-devant & par-derriere les rangs, de même que le Lieutenant & le Sous-lieutenant, qui l'aideront dans cette visite, pour examiner s'il ne manque rien à l'équipement & à l'habillement.

Ils feront aussi l'inspection des armes.

Les Aides-major & Sous-aides-major s'y rendront à la même heure.

L'inspection étant faite, le Capitaine fera *porter les armes*, & *former la compagnie*, comme il est dit au titre 5, article premier : il fera *porter l'arme au bras*, & conduira la compagnie au rendez-vous du bataillon, dans l'ordre suivant.

> Le Capitaine à deux pas en avant du centre de la compagnie ; les autres Officiers, Fourriers & Sergents, à leur place de bataille ; le troisieme Sergent se placera en serre-file entre le Sous-lieutenant & le deuxieme Sergent.

Si la compagnie ne peut marcher de front, elle marchera par son flanc.

Lorsque les compagnies approcheront du lieu de l'assemblée de leur bataillon, les Capitaines leur feront *porter les armes*, pour les conduire & les former sur le terrain qu'elles devront occuper. Lorsqu'elles seront arrivées, le Capitaine commandera :

1.

Halte.

2.

A quatre pas de distance, ouvrez vos rangs.

3.

Marche.

Au premier commandement, la compagnie s'arrêtera.

Le deuxieme commandement servira d'avertissement.

Au troisieme commandement, les seconds & troisiemes rangs ouvriront légérement les rangs en arriere, comme il a été expliqué au titre 5, article 2. Le Capitaine alignera le premier rang; le Lieutenant, le troisieme; & le Sous-lieutenant, le second : ils rectifieront la distance de quatre pas; & chacun, après avoir aligné son rang parallelement avec le premier, se portera à sa place de parade.

A mesure que les compagnies arriveront, le Sous-aide-major comptera les files, & aussi-tôt après il divisera le bataillon en huit pelotons aussi égaux qu'il sera possible, observant de laisser la place des drapeaux entre les quatrieme & cinquieme pelotons.

Les troisiemes Sergents de chaque compagnie se porteront par-derriere le centre du bataillon, dans le moment que le Sous-aide-major le divisera, & viendront occuper la place destinée aux drapeaux.

Le Commandant & autres Officiers supérieurs du Corps se trouveront au lieu de l'assemblée à l'arrivée des compagnies; ils feront une inspection générale, s'ils le jugent à propos.

Dès que le régiment sera formé, le Colonel, ou en son absence, le Commandant du régiment, fera tous les commandements, qui seront répétés par chaque Chef de bataillon, chaque bataillon ne devant exécuter les commandements généraux qu'au commandement du Chef de bataillon, à l'exception de quelques cas particuliers qui seront indiqués, où les commandements seront faits ou répétés par les Chefs de division ou peloton.

ARTICLE II.

Du détachement qui devra aller chercher les drapeaux.

LORSQUE les compagnies se mettront en marche pour se rendre au lieu de l'assemblée de leur bataillon, on enverra chercher les drapeaux.

Composition du Détachement qui ira chercher les drapeaux.

Le Tambour-major & les Musiciens ; tous les Tambours, excepté deux par bataillon ; une compagnie de Grenadiers ; un Officier-major ; les Porte-drapeaux.

Formation du Détachement pour les drapeaux.

La compagnie de Grenadiers, rompue par sections, le capitaine à la tête, deux pas en avant; les Porte-drapeaux, deux pas en avant du Capitaine de Grenadiers, (sur un rang, dans les régiments de deux bataillons), (sur deux rangs, dans les régiments de quatre) ; les Tambours, deux pas en avant des Porte-drapeaux, sur deux rangs par bataillon, le Tambour-major à leur tête, l'Officier-major en avant du Tambour-major.

Marche du Détachement.

Le détachement marchera dans cet ordre, l'arme au bras, sans bruit de caisse.

Arrivé au lieu où seront les drapeaux, les Tambours se placeront sur la droite ou sur la gauche de l'entrée ; démasqueront la compagnie de Grenadiers, que le Capitaine rangera en bataille devant la porte, après avoir fait *porter les armes.*

L'Officier-major, les Porte-drapeaux & les Sergents de Grenadiers iront chercher les drapeaux.

Lorſqu'enſuite les Porte-drapeaux ſortiront avec les drapeaux, ils s'aligneront en dehors de la porte, & s'arrêteront un moment vis-à-vis la compagnie de Grenadiers, à laquelle le Capitaine fera *préſenter les armes :* les Tambours battront au drapeau.

Le Capitaine fera enſuite ceſſer les Tambours, fera *porter les armes*, & fera rompre ſa compagnie par ſection.

Les Porte-drapeaux iront ſe placer ſur un rang dans les régiments d'un ou de deux bataillons; ſur deux rangs, dans les régiments de quatre bataillons, entre la premiere & la ſeconde ſection, dans le même ordre que ces bataillons ſeront formés.

L'Officier-major & les Tambours s'étant placés à la tête des Grenadiers, le Capitaine commandera : *marche.* A ce commandement, les Tambours battront au drapeau, juſqu'au lieu où ſera aſſemblé le régiment, ou le bataillon, en obſervant que, lorſqu'on prendra les armes de grand matin, on ne battra au drapeau qu'au moment où ils paroîtront, & lorſqu'ils arriveront ſur le terrain du régiment.

Si le régiment eſt de pluſieurs bataillons, les compagnies de Grenadiers iront alternativement chercher les drapeaux, &, à leur défaut, le premier peloton de chaque bataillon.

ARTICLE III.

De l'arrivée des Drapeaux à la tête du Régiment.

A l'arrivée des drapeaux, le Chef de bataillon fera les commandements pour *porter les armes.*

Lorſque les drapeaux ne ſeront plus qu'à vingt pas de la droite ou de la gauche de la troupe, ſelon le côté par lequel ils viendront, le Chef de bataillon commandera.

Préſentez ═ *vos armes.*

A ce commandement, le bataillon *préſentera les armes.*

Les Porte-drapeaux fileront enſuite ſeuls devant le front du bataillon, à huit pas du rang des Officiers.

A meſure que les drapeaux paſſeront devant le centre de leur bataillon, ils s'arrêteront, lui feront face : auſſi-tôt ils ſeront ſalués par tous les Officiers du bataillon au ſignal de l'Officier de droite, qui ſe portera quatre pas en avant.

Les Porte-drapeaux iront enſuite à leurs places de *parade* entre le Sous-lieutenant du quatrieme peloton & le Lieutenant du cinquieme. Ils feront bruſquement *demi-tour à droite*, en arrivant ſur l'alignement des Officiers.

La compagnie de Grenadiers & les Tambours qui auront eſcorté les drapeaux, iront au pas redoublé prendre leur poſte dans leur bataillon, en paſſant derriere la troupe.

A meſure que les drapeaux ſeront arrivés à leur bataillon, le Chef de bataillon commandera :

Portez ═ *vos armes.*

Le bataillon portera les armes ; & auſſi-tôt après le Chef de bataillon commandera :

1.

Serrez ═ *vos rangs.*

2.

Marche.

Au premier commandement, les Officiers rapprocheront l'arme du pied, descendront la main droite, pour la saisir & la porter tout de suite dans le bras droit, comme il a été dit, titre 2, article 4.

Au second commandement, les Officiers feront *demi-tour à droite*, pour aller promptement occuper leurs places de bataille. Les Officiers de serre-file passeront par les droites & gauches des pelotons : les rangs se serreront avec la plus grande vivacité.

Les Porte-drapeaux porteront le drapeau au bras droit.

On renverra les drapeaux dans le même ordre & avec la même escorte qui a été les chercher.

TITRE VIII.

De la Marche du Régiment en colonne pour se rendre à son terrain d'exercice.

LE régiment étant en bataille à *rangs serrés*, on commandera :

1.

Par peloton { *à droite*, ou *à gauche*.

2.

Marche.

Au premier commandement, chaque Chef de peloton se portera à deux pas en avant du centre de son peloton.

L

Au ſecond commandement, les pelotons rompront, & chaque peloton étant perpendiculairement ſur le terrain qu'il occupoit en bataille, les Chefs de peloton, ſeulement, commanderont *halte*, *à gauche* = *alignez-vous*, ſi on a rompu à droite; *halte*, *alignez-vous*, ſi on a rompu à gauche : ce qui ſera obſervé toutes les fois qu'on rompra à droite ou à gauche.

Toutes les fois qu'un bataillon ſe rompra à droite par peloton ou par diviſion, le cinquieme peloton, ou la troiſieme diviſion, ſe jettera ſur la droite, après le mouvement de converſion fini, pour que la file gauche ne déborde pas la gauche des diviſions précédentes.

Lorſqu'un bataillon aura rompu à gauche, le même peloton, ou cette même diviſion, ſe jettera ſur la gauche.

Si l'on veut marcher en avant, on commandera :

1.

En avant.

2.

Marche.

Au ſecond commandement, qui ſera répété auſſi avec la plus grande rapidité, de la tête à la queue de la colonne, par chaque Chef de peloton, la colonne entiere s'ébranlera en même-temps au pas ordinaire, les pelotons marchant les rangs ſerrés, & les armes portées.

Regle générale.

Toutes les fois qu'une ligne ſera rompue par peloton, ou par diviſion, & qu'elle devra marcher en avant, les Chefs de peloton ou de diviſion répéteront auſſi le commandement *marche*, pour ébranler la colonne.

Toutes les fois que cette colonne devra arrêter, les mêmes Chefs répéteront auſſi le commandement *halte*, pour l'arrêter.

Au commandement *halte*, fait à une colonne, tous les Chefs de peloton, en le répétant rapidement de la tête à la queue de la colonne, l'exécuteront eux-mêmes, ainſi que leurs pelotons, ſur le terrain même ſur lequel ils ſe trouveront.

Les Chefs de bataillon & les Chefs de peloton auront attention de prononcer ces commandements de la plus grande étendue de voix poſſible, & à l'inſtant même où le commandement leur parviendra de la tête de la colonne.

Toutes les fois que le commandement général ne pourra être entendu par une ligne ou une colonne, les Chefs de bataillon dans la ligne, les Chefs de peloton dans la colonne, ſe conformeront le plus promptement poſſible au mouvement qu'ils verront faire à leur droite ou à leur gauche, en avant ou en arriere, ſuivant le point d'où partira le mouvement ordonné.

Lorſque le Commandant en chef jugera à propos, il fera *porter l'arme au bras* au peloton de la tête; ce qui ſera exécuté ſucceſſivement par chaque peloton, au commandement de ſon Chef: les ſeconds & troiſiemes rangs prendront alors un pas de diſtance.

Si le terrain ne permet pas de marcher par le front d'un peloton, le régiment marchera par le flanc, & on lui commandera: PLANCHE II.

1.

Bataillon — { *à droite*, ou *à gauche*.

2.

Marche.

Au premier commandement, le bataillon fera *à droite* ou *à gauche*, & chaque Chef de peloton se portera à deux pas, sur le flanc du Sergent qui le remplace au premier rang : ce qui sera observé toutes les fois qu'un bataillon ou demi-rang marchera par son flanc.

Au deuxieme commandement, les neuf Officiers du premier rang, ainsi que le Capitaine de Grenadiers & tout le bataillon, marcheront au pas ordinaire.

Les Chefs de peloton & les Serre-files veilleront à ce que les pelotons ne s'alongent pas, à ce qu'ils conservent le même pas que leurs Officiers : ils marcheront eux-mêmes au pas de l'Officier qui aura la tête de la marche.

Si, en marchant par le flanc, la difficulté du terrain occasionnoit quelque alongement, dans ce seul cas seulement on n'observeroit plus l'intervalle des six toises entre les bataillons.

Les Tambours marcheront sur deux rangs le plus serrés possible à leurs places ordinaires, ou se porteront à la tête du bataillon si le terrain ne leur permet pas de rester sur le flanc de la marche.

Lorsque la tête du regiment trouvera le terrain assez ouvert pour marcher par le front d'un peloton, le Commandant en chef commandera :

Formez vos pelotons.

A ce commandement, le Chef du premier peloton commandera :

Formez = le peloton.

Alors l'homme de droite, si on a marché par la droite, l'homme de gauche, si on a marché par la gauche, marchera droit devant lui ſans ralentir ſon pas, pendant que les autres files ſe porteront ſucceſſivement au pas redoublé ſur ſon alignement, & en tournant la tête vers lui pour prendre le même pas.

Auſſi-tôt que le peloton ſera formé, le Chef de peloton commandera *tête à gauche*, ſi on a marché par la droite; *tête à droite*, ſi on a marché par la gauche.

Chaque peloton ſe formera ainſi ſur le terrain où ſe ſera formé le premier peloton.

TITRE IX.

Des Points de vue & de l'uſage qu'on en doit faire, de la Marche en colonne ſur les points de vue donnés, & des différentes Manieres de ſe mettre en bataille.

ARTICLE PREMIER.

Des Points de vue & de l'uſage qu'on en doit faire.

LES points de vue ſont des objets éloignés & diſtincts, choiſis par le Commandant en chef, pour déterminer la direction qu'il veut donner à ſa ligne; de maniere que dans tous les mouvements la nouvelle poſition ne ſoit pas déterminée par le haſard, mais par la volonté du Commandant en chef, qui choiſiſſant autour du terrain que l'œil peut embraſſer, deux points, l'un à ſa droite, l'autre à ſa gauche, donnera ainſi à ſa ligne ou à la colonne la direction la plus conforme à ses vues.

Ces objets doivent être isolés, autant qu'il est possible, & assez saillants pour être apperçus distinctement, comme un arbre, un clocher, une maison, un moulin, &c.

Maniere de déterminer une position entre deux points donnés dont on ne peut approcher.

Aussi-tôt que le point de la droite & celui de la gauche auront été déterminés par le Commandant en chef, deux Officiers désignés par les caracteres *R* pour celui de gauche, *A* pour celui de droite, chercheront les points intermédiaires. PLANCHE II.

Soit un arbre *C* à gauche, un moulin *D* à droite.

R restera en place, tandis que *A* se portant à environ 40 pas sur la droite de *R*, s'alignera sur lui & le point *C*.

R fera signal pour marcher en avant, en conversant de maniere que le point *C* soit le pivot de la conversion, & que l'Officier *A* se conserve toujours aligné avec le point *C* & l'Officier *R*.

R marchera regardant toujours *A*, pour lui faire signal de s'arrêter à l'instant où *A* lui cachera le point de droite *D* : *A* étant toujours resté aligné sur l'Officier *R* & le point *C*, le point intermédiaire est trouvé.

L'Officier *R* restera à sa place, jusqu'à ce qu'il soit relevé par un Officier du bataillon suivant, & mettra pied à terre, s'il étoit à cheval. L'autre Officier reviendra à la tête de la colonne, & indiquera au Commandant en chef l'Officier *R*. La colonne ayant sa droite en tête, & arrivant par-derriere la gauche du terrain qu'elle doit occuper, le Commandant en chef en dirigera la tête vers le point *R*, de maniere que la droite du premier peloton arrive vis-à-vis cet Officier.

Le premier peloton arrivant à trente pas de cet Officier, portera les armes, & ſon Chef ira promptement ſe mettre à la gauche de ſon premier rang, & commandera, *par peloton, à droite, marche*, aſſez près de l'Officier *R*, pour qu'en achevant le mouvement de converſion, le Chef de ce peloton raſe la poitrine de cet Officier qui fait face à la colonne: ſon peloton ſe trouvant perpendiculairement ſur la nouvelle ligne de direction, il commandera *halte*, & tout de ſuite après, *tête à gauche, marche*, pour ſe diriger ſur le point de la droite qui lui ſera indiqué par le Commandant en chef.

PLANC. III. *Fig. 1.*

Le Chef du premier peloton cherchera entre le point en avant & lui-même, des points intermédiaires ſur le terrain, & marchera exactement ſur cette nouvelle ligne, qui ſervira de direction à toute la colonne.

Ce qui vient d'être preſcrit pour le Chef du peloton qui a la tête de la colonne, ſera obſervé par chaque Chef de peloton, à meſure qu'il arrivera ſur le terrain où le premier peloton aura fait ſon mouvement de converſion.

Auſſi-tôt que le Chef du ſecond peloton ſera arrivé dans la nouvelle ligne de direction, il ſe mettra au Chef de file ſur le Chef du premier peloton, & le point de vue en avant, & il maintiendra cet Officier ſur le point de vue, s'il s'en écartoit.

Les Chefs des autres pelotons ſe tiendront correctement au Chef de file, en obſervant exactement la diſtance qu'ils doivent avoir dans la colonne qui marchera au pas ordinaire.

Les Chefs de bataillon ſe tiendront à la tête de leur bataillon, & ſe retourneront ſouvent pour voir ſi les Chefs de peloton obſervent les Chefs de file.

Le Commandant en chef ſe tiendra à la tête de la colonne, & examinera ſouvent ſi la queue répond exactement au point de vue en arriere *C*, d'après la direction de la tête.

Si les Chefs de file étant exactement obſervés de la tête à la queue de la colonne, le Chef du premier peloton ſe jette à droite ou à gauche, on s'en appercevra aiſément par le prolongement de la colonne qui couvrira ou découvrira trop les points de vue en arriere.

Si le point de vue en arriere eſt trop découvert, le Commandant en chef fera appuyer la tête de la colonne un peu à gauche; le Chef du ſecond peloton prendra de nouveau ſon Chef de file, de maniere que le Chef du premier peloton lui couvre exactement le point de vue en avant: toute la colonne ſuivra ſucceſſivement le même mouvement.

Si le point de vue en arriere eſt maſqué, on y remédiera par des mouvements contraires.

Les points de vue doivent toujours être aſſez découverts pour ſe trouver préciſément en avant du front, lorſque la colonne ſe ſera reformée en bataille.

Chaque peloton ſera toujours correctement aligné, & joindra exactement l'Officier qui maintient le Chef de file.

Cet Officier ne regardera jamais le rang, & ne quittera pas des yeux ſon Chef de file.

Les Officiers & Bas-officiers de ſerre-file auront la plus grande attention à ce que les pelotons marchent carrément sur la ligne donnée, & que les Soldats soient constamment au pas, & se joignent bras à bras du côté de l'Officier qui est au pivot : la colonne entiere marchera au même pas.

ARTICLE II.

Pour se mettre en bataille.

PLANC. III. *Fig.* 2.

LA tête de la colonne étant arrivée au point où doit appuyer la droite de la ligne, le Commandant en chef commandera :

1.

Bataillon.

2.

Halte.

A ce dernier commandement répété rapidement par tous les Chefs de bataillon & de peloton, toute la colonne arrêtera.

Le Commandant en chef commandera ensuite :

A gauche — en bataille.

A cet avertissement, un Serre-file de l'aile droite du peloton de la tête de chaque bataillon se portera sur l'alignement des pivots gauches, à la distance du front de son peloton, pour déterminer exactement le point où le Chef de ce peloton doit arrêter son mouvement de conversion; ce qui sera exécuté généralement à chaque peloton qui aura la tête d'une colonne & d'un bataillon.

En même temps tous les Chefs de pelotons placés ordinairement à l'aile droite de leur peloton, s'y porteront légérement, & conduiront le mouvement de conversion. Les Chefs des pelotons de l'aile gauche des bataillons, ainsi que les Capitaines de Grenadiers de l'aile gauche, resteront à hauteur de la gauche de leur peloton.

Au commandement *marche*, qui ſera répété par les Chefs de bataillon, l'homme du premier rang de l'aile gauche de chaque peloton fera *à gauche*, & la colonne ſe mettra en bataille par un mouvement de converſion à gauche.

Le mouvement de converſion fini, les Chefs de peloton commanderont *halte*, *alignez-vous*, lorſqu'ils arriveront eux-mêmes à hauteur de l'homme de gauche du peloton qui les précédoit dans la colonne; ils rectifieront leur alignement de la droite à la gauche, en portant la tête ſur le rang, en avançant un peu le corps, & même en ſortant hors du rang, s'il eſt néceſſaire, & en obſervant que les hommes qui ont ſervi de pivot, ne doivent jamais bouger.

L'inverſe s'exécutera dans une colonne rompue à gauche, arrivant derriere la droite de ſon terrain; excepté que les Chefs de peloton ſe trouvant alors à la droite pour prendre le Chef de file, le Sergent qui eſt derriere eux paſſera en ſerre-file pendant la marche de la colonne, & ne reviendra à la droite du dernier rang, que lorſque le peloton ſera prêt à rentrer en ligne.

Dans le même cas d'une colonne rompue à gauche, au commandement *à droite en bataille*, les Chefs de peloton qui ſe trouveront placés à la droite de leur peloton, reſteront à hauteur de l'aile droite, obſervant cependant que ce ne ſoit point eux qui ſervent de pivot, mais l'homme de droite de leur peloton.

Les Chefs de peloton & les Capitaines de Grenadiers de l'aile gauche des bataillons, ſe porteront au flanc gauche de leur peloton, & meneront l'aile marchante.

Les Chefs de peloton commanderont, après

le mouvement de converſion fini, *halte*, *à gauche*, *alignez-vous* : chaque peloton ſera alors aligné par le Chef de peloton vers lequel il aura la tête tournée.

ARTICLE III.

Autres manieres de ſe mettre en bataille.

Si la tête de la colonne arrive par le centre ou par quelque autre partie du terrain qu'elle doit occuper ſur ſon front, on lui fera alors les commandements expliqués au titre 13 des *Déployements*, article premier.

Si la colonne formée par la droite arrive par la droite de ſon terrain, on lui commandera :

1.

A droite en bataille.

2.

Marche.

Au ſecond commandement, le premier peloton fera *par peloton*, *à droite*. Le mouvement de converſion fini, ſon Chef lui commandera, *halte*, & auſſi-tôt après, *marche*, pour le porter douze pas en avant ; alors il lui commandera, *halte*, *alignez-vous*. Le peloton ſera aligné par le Commandant en chef, ſur le point de vue de gauche.

La colonne continuera de marcher ; chaque peloton fera ſucceſſivement *par peloton*, *à droite*, dès que ſa file droite aura dépaſſé la file gauche du peloton qui le précede, pour aller ſe mettre en bataille à côté de lui.

Le même mouvement ſe fera par l'inverſe, quand la colonne formée par la gauche arrivera par la gauche de ſon terrain.

Toutes les fois que l'alignement devra ſe prendre par la droite, le Commandant en chef ſe portera à la droite, & dirigera l'alignement ſur le point de vue de gauche. On obſervera l'inverſe quand l'alignement devra ſe prendre par la gauche.

ARTICLE IV.

PLANC. IV. *Pour ſe mettre en bataille ſur deux lignes.*

LORSQUE l'on marchera ſur deux colonnes de deux bataillons chacune, & que l'on voudra les former ſur deux lignes, le Commandant en chef indiquera d'abord les points de vue pour la premiere ligne.

Deux Officiers chercheront auſſi-tôt les points intermédiaires, & ſe placeront de façon à pouvoir ſervir de direction aux têtes des colonnes, en obſervant exactement de laiſſer entre eux la diſtance pour un bataillon.

Auſſi-tôt que les têtes des colonnes qui devront former la premiere ligne, entreront dans la nouvelle direction par un mouvement de converſion, les têtes des bataillons, deſtinées pour deuxieme ligne, feront en même temps les mêmes mouvements : deux Officiers leur marqueront la direction, dans le moment que les têtes de ces colonnes exécuteront les mouvements de converſion.

La ſeconde ligne n'a pas beſoin de point de vue en arriere ; elle aura ſeulement ſoin de ſe diriger parallelement à la premiere.

Lorſque les colonnes feront plus nombreuſes & plus fortes, on emploiera proportionnellement les mêmes principes & les mêmes moyens, avec cette différence, que la ſeconde ligne ſe trouvant trop éloignée de la premiere, à cauſe de la profondeur de ces colonnes, les têtes de celles de la ſeconde continueront à marcher juſqu'à ce qu'elles ſoient arrivées à la diſtance qui aura été preſcrite.

ARTICLE V.

Diſpoſition pour exercer en détail.

SI le régiment, après avoir occupé ſa premiere poſition, doit exercer en détail, on fera porter, environ ſoixante pas en avant, tous les pelotons impairs; on les alignera l'un ſur l'autre, parallelement aux pelotons qui ſeront reſtés en place.

Si on doit exercer aux *feux* & à la *charge*, le Commandant en donnera l'ordre; & pendant cet exercice le Major raſſemblera en avant ou en arriere du régiment les pelotons de drapeaux de tous les bataillons; il les placera à ſoixante pas les uns des autres, pour les exercer à la marche, les obligeant à ſe tenir toujours alignés ſur le peloton d'alignement, & à conſerver l'intervalle qui leur aura été preſcrit; il les fera marcher en avant ſur des points de vue, fera changer de direction au peloton d'alignement, & obligera les autres à ſe conformer exactement à la nouvelle direction.

Les Sous-aides-major de chaque bataillon ſuivront leurs pelotons de drapeaux.

Lorſqu'on voudra exercer les compagnies à la marche, les troiſiemes Sergents iront rejoindre leurs pelotons.

Les Porte-drapeaux de chaque bataillon ſe partageront aux quatrieme & cinquieme pelotons, pour en diriger la marche.

Les compagnies ſeront exercées à la marche, en ſe conformant à ce qui a été preſcrit au titre 4, article 2.

Lorſqu'un régiment devra exercer en détail, le Commandant indiquera les objets ſur leſquels les compagnies ou diviſions ſeront exercées, & déterminera le moment où on devra paſſer d'un objet à un autre.

TITRE X.

De la Marche en bataille.

ARTICLE PREMIER.

De la Marche en avant.

On commandera :

1.

Bataillon = en avant.

2.

Marche.

PLANCHE V. *Fig. 1.*

Au premier commandement, les drapeaux & les deux Sergents de leur droite & de leur gauche ſe porteront ſix pas en avant, & s'aligneront ſur les drapeaux du bataillon d'alignement.

Le demi-rang de droite de chaque bataillon portera en même temps la tête à gauche.

Le Chef du bataillon ſe tiendra à pied, deux pas en avant des drapeaux ; ſe portera de temps en temps ſur le flanc gauche des drapeaux, ſi l'alignement vient de la droite ; ſur le flanc droit, s'il vient de la gauche, pour voir ſi les drapeaux ſont dans la direction & à hauteur de ceux du bataillon d'alignement.

Le Chef du bataillon d'alignement ſera toujours deux pas en avant de ſes drapeaux, & recevra l'ordre du Commandant en chef.

En même temps que les drapeaux se porteront en avant, l'Aide-major qui sera placé derriere le centre du bataillon, indiquera au Porte-drapeau de droite, & au Sergent qui marche derriere lui, un point de vue perpendiculaire en avant, en le prenant sur le prolongement des deux têtes du Porte-drapeau & du Sergent qui le remplace au premier rang.

Au second commandement *marche*, répété avec la plus grande rapidité par tous les Chefs de bataillon, la ligne se portera en avant.

Le Porte-drapeau de la droite s'occupant seul dans chaque bataillon de marcher au point de vue, choisira entre l'objet indiqué & lui-même, des points intermédiaires que pourra offrir le terrain; il y sera maintenu par le Sergent de sa file, qui doit observer la distance prescrite de six pas.

L'Aide-major surveillera encore ces deux hommes.

Les quatre hommes qui marchent en avant du bataillon, marcheront carrément, & collés l'un à l'autre bras à bras.

Les Sergents du centre, les trois files de droite du cinquieme peloton, & les trois files de gauche du quatrieme, formeront la base de l'alignement du bataillon, & se tiendront collés l'un à l'autre bras à bras, sur l'alignement du Sergent qui marche derriere le drapeau de la droite.

Le Chef du bataillon veillera continuellement sur l'alignement & l'ensemble du bataillon.

Si l'intervalle qui doit séparer chaque bataillon, du bataillon le plus voisin du côté de l'alignement, diminue ou augmente, le Sous-aide-major placé derriere la droite ou la gauche, suivant le côté d'où viendra l'alignement, avertira *sur la droite*, ou *ſur la gauche*. Le Chef du bataillon fera ſur le champ les commandements.

Oblique, { *à droite*, ou *à gauche*, } = *marche*.

A ce commandement, le bataillon marchera le pas oblique, *à droite* ou *à gauche*, ſans ceſſer de regarder le centre : lorſque l'intervalle ſera repris, le Sous-aide-major avertira, *en avant*. Le Chef commandera :

En avant = *marche*.

A ce commandement, le bataillon marchera en avant, & l'Aide-major indiquera ſur le champ un nouveau point de vue.

Si l'intervalle entre les bataillons diminuoit, ou augmentoit, ſoit parce que le point de vue auroit été mal choiſi, ſoit parce que le Commandant en chef auroit changé la direction du bataillon d'alignement, le Chef commandera :

PLANC. VI.

Changez de direction { *ſur la droite*, ou *ſur la gauche*.

A ce commandement, ſi on change de direction ſur la droite, l'Aide-major indiquera ſur le champ un point de vue un peu ſur la droite ; le Porte-drapeau avançant un peu l'épaule gauche, s'y dirigera dès ſon premier pas ; le Sergent qui eſt derriere lui, ſe mettra à ce nouveau Chef de file ; les trois files de gauche de la diviſion des drapeaux, en avançant l'épaule gauche, les trois files de droite en reculant l'épaule droite, ſe conformeront à cette nouvelle direction d'alignement : l'aile droite du bataillon en cédant un peu ſur la droite, se conformera successivement à ce qui vient d'être prescrit pour les files de droite du peloton du centre; l'aile gauche du bataillon, en se rapprochant du peloton du centre, se conformera successivement à ce qui vient d'être prescrit pour les files de gauche de ce peloton.

Si le changement de direction étoit considérable, on ne l'exécuteroit pas tout d'un coup dans la portion de la ligne qui devroit avancer, mais peu à peu, sauf ensuite à rentrer dans la ligne en alongeant le pas, ou même en pressant la mesure.

La portion de la ligne qui devroit soutenir, pourroit l'exécuter tout de suite; mais dans tous les bataillons de la ligne, on doit faire raccourcir le pas aux drapeaux, jusqu'à ce que les ailes de chaque bataillon aient pris la nouvelle direction de leurs drapeaux.

Attentions du Commandant de la ligne, pour l'alignement général.

Le Commandant en chef doit d'abord indiquer quel sera, pendant la marche, le bataillon d'alignement. Comme c'est ensuite par le centre des bataillons qu'est établi l'alignement général de la ligne, ce sera par la position des drapeaux de chaque bataillon, que le Commandant en chef jugera de la position particuliere de chaque bataillon dans la ligne, en abandonnant à chaque Chef de bataillon le soin d'aligner son bataillon sur lui-même: il doit veiller particuliérement sur la direction du bataillon d'alignement.

S'il veut faire marcher obliquement *à droite ou à gauche*, il aura attention de faire reprendre de temps en temps la direction perpendiculaire au bataillon d'alignement, afin que les autres bataillons de la ligne puissent rétablir leur alignement, ou leur intervalle.

S'il fait changer de direction sur la droite ou sur la gauche, il aura attention que ces mouvements soient peu considérables, & fera ralentir la marche du bataillon d'alignement, jusqu'à ce que la ligne entiere se soit conformée à la nouvelle direction.

Cette attention sera encore plus particulierement indispensable, si, par le changement de direction, le bataillon d'alignement se trouve être le pivot de cette espece de conversion.

Attentions du Commandant de Régiment dans une ligne.

Le Commandant d'un Régiment, dans une ligne, doit veiller à ce que chaque Chef de bataillon exécute avec exactitude & activité tout ce qui sera ordonné; il se portera par-tout où le besoin l'exigera; il ne répétera point les commandements qui passeront directement du Commandant de la ligne aux Chefs de chaque bataillon.

Attentions des Chefs de Bataillon.

Le Chef d'un bataillon faisant partie d'une ligne, doit répéter avec la plus grande rapidité tous les commandements du Commandant en chef; il doit continuellement veiller à l'alignement de son bataillon, à l'ensemble du pas dans son bataillon: il est en outre particulierement chargé de tenir son bataillon à hauteur du bataillon d'alignement, sur lequel il se réglera de préférence, quand il pourra en appercevoir la direction; il n'aura point égard alors aux bataillons plus près que lui du bataillon d'alignement, s'ils avoient pris une fausse direction.

Chaque bataillon dans la ligne observera sur-tout de ne jamais déborder le bataillon d'alignement.

Attentions des Chefs de Peloton, des Serre-files, & du Soldat dans la Marche en bataille.

Les Chefs de peloton auront continuellement l'œil sur le peloton qui sera entre eux & les drapeaux; ils remédieront aux plus petits défauts dans l'alignement, marcheront eux-mêmes correctement au même pas que le centre du bataillon.

Les Serre-files veilleront sur les seconds & troisiemes rangs; avertiront à demi-voix lorsqu'ils appercevront quelque irrégularité, se tiendront toujours à deux pas de la troupe, alignés entr'eux.

Le Soldat aura attention de ne pas avancer hors du rang l'épaule opposée à l'alignement; il s'alignera sur la majeure partie du rang, depuis lui jusqu'au Commandant du peloton, vers lequel il aura la tête tournée; il ne débordera sur-tout jamais le rang; il marchera constamment le même pas que le centre de son bataillon; & si la difficulté du terrain le lui fait perdre, il le reprendra aussi-tôt, en jettant les yeux sur les drapeaux.

Lorsque la ligne devra arrêter, le Commandant en chef commandera:

1.

Bataillon.

2.

Halte.

Au ſecond commandement, le bataillon arrêtera, tournera la tête *à droite*, & les Porte-drapeaux & Sergents qui étoient en avant rentreront à leur place.

Le Commandant en chef donnera l'alignement au bataillon d'alignement.

Chaque chef de bataillon ſe portera à la droite ou à la gauche pour aligner ſon peloton de droite ou de gauche : au commandement *alignez-vous*, ou *à gauche*, *alignez-vous*, le bataillon s'alignera ſur le premier peloton aligné.

Le Chef de bataillon, en plaçant ſon premier peloton, obſervera l'intervalle qui doit ſéparer ſon bataillon de celui qui eſt plus près que le ſien du bataillon d'alignement.

ARTICLE II.

De la Marche en retraite.

LORSQU'ON voudra faire marcher par le dernier rang, on commandera :

1.

Bataillon.

2.

Demi-tour = à droite.

Le bataillon l'exécutera en deux temps.

Enſuite on commandera :

3.

En avant.

4.

Marche.

Au troisieme commandement, les deux Sergents placés au centre du deuxieme rang du peloton des drapeaux avanceront à quatre pas en avant des Serre-files, en laissant entr'eux la place des deux Porte-drapeaux, qui viendront du premier rang se porter entre eux deux.

Les Sergents de la droite & de la gauche du deuxieme rang viendront former le centre du troisieme rang devenu premier, & seront remplacés par les deux Sergents qui étoient à la droite & à la gauche du premier rang.

Au quatrieme commandement, le bataillon marchera en avant par son dernier rang, les Serre-files marchant bien alignés entr'eux; les Sergents qui seront alors au premier rang, veilleront à l'alignement des pelotons.

Le Chef du bataillon indiquera le point de vue en avant au Porte-drapeau de gauche; le Sergent qui sera derriere ce Porte-drapeau, le maintiendra sur le point de vue; le Chef du bataillon les surveillera l'un & l'autre, fera les commandements, & restera toujours à sa place ordinaire, ainsi que l'Aide-major & le Sous-aide-major.

L'Aide-major veillera alors à l'alignement du bataillon sur lui-même & dans la ligne; il avertira le Chef du bataillon s'il doit marcher obliquement à droite ou à gauche, raccourcir ou alonger le pas, ou changer la direction. Le Sous-aide-major veillera de même à l'intervalle.

ARTICLE III.

Passage de l'obstacle en marchant en bataille.

SI une portion de bataillon rencontre un obstacle qui l'empêche de continuer sa marche, le Chef de la division, ou peloton, se portera

PLANCHE V. *Fig. 2.*

vivement deux pas en avant, & faisant face à sa troupe, commandera :

1.

Division ou *peloton* = *halte.*

2.

A droite & à gauche.

3.

Marche.

Au premier commandement, la division, ou le peloton, s'arrêtera.

Au deuxieme commandement, la moitié fera *à droite*, l'autre moitié *à gauche.*

Au troisieme commandement, ce qui a fait *à droite*, fera par file *à gauche* ; ce qui a fait *à gauche*, fera par file *à droite* : chaque flanc suivra les trois premieres files qu'il aura devant lui.

L'obstacle passé, on commandera :

PLANC. V. *Fig. 3.*

En ligne.

A ce commandement, le premier homme se portera au pas redoublé sur l'alignement du bataillon. Les deux hommes de sa file le suivront, & reprendront, ainsi que lui, le pas du bataillon : à mesure que chaque file trouvera jour à se remettre en ligne, elle exécutera le même mouvement.

Si l'obstacle se rencontroit vis-à-vis une division de l'aile du bataillon, cette portion ne se sépareroit point, & feroit *à droite*, ou *à gauche*, pour suivre le reste de son bataillon.

Si l'obstacle couvroit le front du demi-rang, ou du bataillon, il fera la même manœuvre, en se divisant de droite & de gauche, par division ou par demi-rang.

Ce qui vient d'être expliqué pour la marche de plusieurs bataillons, indique avec quel soin il faut instruire chaque bataillon séparément, pour qu'il puisse exécuter avec précision, dans une ligne, tout ce que les circonstances peuvent prescrire.

On accoutumera donc chaque bataillon, séparément, à marcher perpendiculairement en avant, obliquement, à droite & à gauche, à raccourcir, ou marquer le pas, comme si un bataillon étoit trop en avant.

On l'accoutumera à alonger le pas, à changer de direction à droite, ou à gauche : on fera quelquefois marcher le *pas redoublé*, comme si un bataillon étoit resté en arriere de la ligne, mais jamais plus de 40 ou 50 pas de suite.

TITRE XI.

Différentes manieres de rompre & former le Régiment.

ARTICLE PREMIER.

Rompre & reformer le Régiment.

On ne rompra jamais des bataillons, que par peloton, ou division au plus.

Toutes les fois qu'on les fera rompre, on les fera reformer par les mouvements contraires. On commandera :

1.

Par peloton ou *division*, { *à droite*, ou *à gauche*. }

2.

Marche.

3.

Halte.

On exécutera tous ces commandements, comme il est expliqué au titre 8.

Pour reformer le bataillon, on commandera :

1.

A gauche, ou *à droite en bataille.*

2.

Marche.

3.

Halte.

Aux deuxieme & troisieme commandements, comme il est expliqué au titre 9, articles 2 & 3.

ARTICLE II.

Rompre en avant à droite ou *à gauche.*

On commandera :

1.

En avant, par peloton, { *à droite,* ou *à gauche.* }

2.

Marche.

3.

Halte.

4.

Marche.

Au second commandement, le peloton de la droite ou de la gauche, suivant le côté par lequel on devra se rompre, marchera en avant, & fera *halte*, au commandement de son Chef, après avoir marché un nombre de pas égal à son front.

Tous les autres pelotons feront un mouvement de conversion *à droite*, ou *à gauche*; le Chef de chaque peloton fera le troisieme commandement *halte*, lorsqu'il sera perpendiculairement sur la ligne qu'il occupoit en bataille.

Au quatrieme commandement, tous les pelotons marcheront en avant pour se porter successivement sur le terrain d'où sera parti le premier peloton, y feront un second mouvement de conversion *à gauche* ou *à droite*, & prendront rang dans la colonne.

On pourra aussi former une colonne de marche en avant de sa droite, ou de sa gauche, par demi-quart de conversion, lorsque le terrain sera libre.

On commandera :

1.

En avant, par peloton, { *demi à droite,* ou *demi à gauche.* }

2.

Marche.

3.

Halte.

4.

Marche.

Au second commandement, le peloton de la droite, ou de la gauche, se portera directement en avant; tous les autres feront *un demi-quart de conversion.*

Au troisieme commandement, ils feront *halte*, au commandement de leur Chef.

Au quatrieme commandement, les pelotons se dirigeront par le plus court chemin, pour prendre rang dans la colonne.

Lorsqu'un régiment étant en bataille devra rompre par la droite, pour marcher vers la gauche, ou rompre par la gauche, pour marcher vers la droite, le Commandant en chef se portera à l'aile droite, ou à l'aile gauche, fera le commandement *marche* au peloton de l'aile, le portera en avant jusques sur le terrain où le peloton devra converser. Chaque peloton de la ligne se portera successivement en avant, au commandement de son Chef, qui aura attention de faire arriver son peloton au point où il devra converser, à l'instant où le peloton qui devra précéder le sien dans la colonne, sera prêt à abandonner le terrain.

Si le mouvement s'exécutoit par division, elles feroient ce qui vient d'être prescrit pour les pelotons.

TITRE XII.

CHANGEMENTS DE POSITION.

En rompant {
à droite, pour faire face à gauche,
à droite, pour faire face à droite,
à gauche, pour faire face à droite,
à gauche, pour faire face à gauche.

Le méchanisme de ces mouvements a la propriété de donner à une ligne, dans les terrains les plus coupés, telle direction que le Commandant en chef juge à propos, ſoit en avant, ſoit en arriere de ſon front, pour faire face indiſtinctement à ſon flanc droit ou gauche, ſoit que le mouvement ſe ſoit fait par la droite, ſoit qu'il ſe ſoit fait par la gauche.

Ces mouvements ont encore l'avantage que le Commandant en chef, en conduiſant ſeulement le peloton de la tête, donne la direction à ſa colonne, ſans envoyer aucun ordre; qu'il peut encore non-ſeulement changer la direction à tous les inſtants du mouvement, mais même qu'il peut, ayant eu intention de faire face à ſon flanc gauche, ſe diriger tout d'un coup pour faire face à ſon flanc droit.

Le Commandant en chef diſpoſe enfin de la totalité d'une ligne, de quelque nombre de bataillons qu'on la ſuppoſe, & peut à tout inſtant déterminer ſa poſition, ſuivant les circonſtances. Ce mouvement eſt encore le moyen le plus prompt pour refuſer une aile.

ARTICLE PREMIER.

Principes généraux des changements de poſition.

LE peloton de l'aile par laquelle ſe fera le mouvement, recevra toujours directement l'ordre du Commandant en chef, parce qu'il y a des cas où ce peloton fait d'abord un mouvement de converſion contraire à celui que doivent exécuter tous les pelotons de la ligne. Il eſt donc excepté des indications générales ci-après.

Si la ligne, après avoir rompu à droite, doit faire face à gauche, tous les pelotons devront marcher par leur flanc droit.

Si la ligne, après avoir rompu à droite, doit faire face à droite, tous les pelotons devront marcher par leur flanc gauche.

Si la ligne, après avoir rompu à gauche, doit faire face à droite, tous les pelotons devront marcher par leur flanc gauche.

Si la ligne, après avoir rompu à gauche, doit faire face à gauche, tous les pelotons devront marcher par leur flanc droit.

Les Chefs de peloton ſe porteront toujours à côté de la premiere file du flanc par lequel on devra marcher.

Si, étant rompus à droite, les pelotons marchent par le flanc droit, les Chefs de peloton, à meſure qu'ils prendront rang dans la colonne ſur la nouvelle direction, ſe porteront à l'aile gauche de leur peloton, en faiſant les commandements, *halte*, *front*, *tête à gauche*. Ils obſerveront l'inverſe, lorſqu'étant rompus à gauche les pelotons marcheront par le flanc gauche.

Lorſque les pelotons marcheront par le flanc qui devra ſervir de pivot, en ſe reformant en bataille, les Chefs de peloton reſteront à ce flanc, & feront (en prenant rang dans la colonne ſur la nouvelle direction) les commandements, *halte*, *front*, *à gauche*, *alignez-vous*, ſi on s'eſt rompu par la droite; *alignez-vous*, ſi on s'eſt rompu par la gauche.

Les pelotons marchant par le flanc droit, ſi le peloton de l'aile marche en avant pendant le mouvement, les Chefs de peloton appuieront vers la tête de la colonne, pour obſerver leur diſtance, qui devra s'eſtimer de l'homme de la droite d'un peloton, à l'homme de la droite du peloton précédent, la diſtance parallele entre les pelotons diminuant en raiſon de la direction plus ou moins oblique, dans laquelle marcheront les pelotons.

Ils obſerveront, à l'inſtant où ils prendront rang dans la colonne ſur la nouvelle direction, de laiſſer, entre leur peloton & celui qui y eſt arrivé avant le leur, moins de diſtance que le front de leur peloton, afin de ne pas la perdre pendant qu'ils feront les commandements qui ſeront indiqués pour l'inſtant où ils prendront rang dans la colonne.

Lorſque les pelotons marcheront par le flanc gauche, ils obſerveront leur diſtance de l'homme de gauche à l'homme de gauche.

Dans le même cas, ils doivent encore obſerver de faire le commandement *marche*, un inſtant avant d'avoir préciſément leur diſtance, & de maniere à prendre le même pas que les pelotons qui les précedent.

La tête de la colonne, & ſucceſſivement tous les pelotons qui y auront pris rang, marcheront le pas ordinaire; mais pour y arriver, ils marcheront le pas redoublé.

Les Serre-files veilleront à ce que les Soldats emboîtent bien, & qu'ils marchent toujours au pas du Chef de peloton.

ARTICLE II.

Changement de poſition, en rompant à droite pour faire face à gauche.

PLANC. VII & VIII.

ON commandera :

1.

Par peloton —— *à droite.*

2.

Marche.

3.

Halte.

4.

A droite.

5.

Marche.

Au premier commandement, chaque Commandant de peloton se portera deux pas en avant du centre de son peloton.

Au second commandement, la ligne fera, par peloton, un mouvement de conversion à droite.

Le troisieme commandement ne sera fait que par les Chefs de peloton, qui arrêteront le mouvement de conversion, lorsque leur troupe se trouvera perpendiculairement sur la ligne qu'elle occupoit avant ce mouvement.

Pendant que la ligne rompra, le premier peloton se portera en avant, en marchant un nombre de pas égal à son front; le Commandant en chef indiquera le point de vue en avant au Chef de ce peloton; il fera exécuter un mouvement de conversion, pour placer sa troupe perpendiculairement sur la nouvelle ligne de direction.

Un Aide-major se portera dix ou douze pas en avant, en faisant face au premier peloton, & sera aligné par le Chef de ce peloton sur le point de vue en avant.

L'Aide-major indiquera alors au Commandant en chef le point de vue en arriere dans le prolongement de la ligne qu'il formera avec le Chef du premier peloton, qui se sera promptement placé à l'aile gauche.

Cet Aide-major reſtera juſqu'à ce qu'il ſoit relevé par l'Aide-major du bataillon ſuivant.

L'Aide-major du dernier bataillon reſtera juſqu'à ce que la ligne ſoit en bataille & alignée.

Au quatrieme commandement, qui ne ſera répété que par les Chefs de bataillon, tous les pelotons feront *à droite*, excepté le deuxieme & le troiſieme qui reſteront face en tête pour ſe jetter, au cinquieme commandement *marche*, par le chemin le plus court, dans la colonne, en ſe conformant à la direction du premier peloton : les Chefs de ces pelotons reſteront au pivot gauche.

Au cinquieme commandement, qui ne ſera répété que par les Chefs de bataillon, tous ces pelotons marchant par leur flanc droit au *pas redoublé*, conduits chacun par leur Chef qui s'eſt placé au côté gauche de ſa premiere file droite, viendront ſucceſſivement prendre rang dans la colonne.

Les Chefs de peloton obſerveront leur diſtance, ainſi qu'il a été preſcrit, article premier de ce titre, & appuieront vers la tête de la colonne qui marchera en avant dans la nouvelle direction.

A meſure que la premiere file de chaque peloton ſera arrivée à hauteur de la file droite du peloton qui aura déjà pris rang dans la colonne, ſon Chef fera ſucceſſivement les commandements, *halte*, *front*, *tête à gauche*, & venant en même-temps ſe placer leſtement à l'aile gauche & au Chef de file, dans la nouvelle direction, commandera *marche*, pour prendre le pas du peloton qui le précédera dans la colonne.

Dès que la tête de la colonne ſera arrivée au point où devra appuyer la droite de la ligne, on lui commandera *halte* : ſi tous les pelotons ſont entrés dans la colonne, on la reformera en bataille, en se conformant à ce qui a été prescrit au titre 9, article 2.

Si tous les pelotons n'étoient pas entrés dans la colonne, on pourroit faire mettre en bataille ceux qui seroient dans la nouvelle direction, & les autres arriveroient successivement, & seroient mis en bataille, bataillon par bataillon.

Pendant que la colonne se portera en avant, le Commandant en chef en gouvernera la direction par les moyens prescrits, titre 9, article premier.

ARTICLE III.

Changement de position, en rompant à droite pour faire face à droite.

ON commandera :

1.

Par peloton = *à droite.*

2.

Marche.

3.

Halte.

4.

A gauche.

5.

Marche.

Aux trois premiers commandements, comme aux trois premiers de l'article 2 de ce titre, excepté qu'au second le premier peloton rompra à droite avec le reste de la ligne : le Chef de ce peloton recevra ensuite du Commandant en chef le point de vue en avant ; il placera son peloton perpendiculairement sur la nouvelle ligne de direction, en continuant le mouvement de conversion à droite.

Il n'y a de différence entre ce mouvement & le précédent, si ce n'est qu'au quatrieme commandement les pelotons feront *à gauche*, pour marcher par leur flanc gauche, & qu'en prenant rang dans la colonne, les Chefs de peloton se trouvant à leur place, doivent se mettre correctement à leur distance, & au nouveau Chef de file, en faisant les commandements *halte*, *front*, *tête à gauche*, *marche*.

ARTICLE IV.

Changement de position, en rompant à gauche pour faire face à droite.

ON commandera :

1.

Par peloton = *à gauche.*

2.

Marche.

3.

Halte.

4.

A gauche.

5.

Marche.

Au premier commandement, les Chefs de peloton se porteront deux pas en avant du centre de leur peloton.

Au second commandement, la ligne rompra par peloton à gauche ; le peloton de l'aile gauche ſe portera en avant de l'étendue de ſon front : ſon Chef recevra du Commandant en chef le point de vue en avant, placera ſon peloton perpendiculairement ſur la nouvelle ligne de direction, par un mouvement de *converſion à droite*, ſe placera au pivot droit, & alignera un Aide-major ſur le point de vue en avant. Cet Aide-major indiquera au Commandant en chef le point de vue en arriere.

Le troiſieme commandement *halte* ſera fait par chaque Chef de peloton, lorſque le mouvement de converſion ſera fini.

Au quatrieme commandement, tout ſera *à gauche*.

Au cinquieme commandement, tout marchera le *pas redoublé* par le flanc gauche, à l'exception des deux pelotons les plus près du premier peloton, qui ſe jetteront, par le plus court chemin, dans la nouvelle direction.

Les Chefs de peloton appuieront à droite, pour ſe rapprocher de la tête de la colonne, en obſervant leur diſtance, ainſi qu'il a été preſcrit à l'article premier de ce titre.

En prenant rang dans la colonne, ils feront les commandements *halte*, *front*, *marche*, en ſe portant au pivot droit, & en ſe conformant à ce qui a été preſcrit à l'article premier de ce titre.

Le Chef du premier peloton marchera au point de vue en avant, en ſe conformant à ce qui a été preſcrit au titre 9. de l'article premier.

Le Commandant en chef conduira la colonne avec les attentions preſcrites au titre 9, article premier.

Lorſque la colonne ſera formée, & que la tête ſera arrivée au point où devra être appuyée la gauche de la ligne, on lui commandera *halte*, & on la fera former en bataille, en obſervant les attentions preſcrites au titre 9, article 2.

ARTICLE V.

Changement de position, en rompant à gauche pour faire face à gauche. PLANC. IX & X.

ON commandera :

1.

Par peloton ═══ à gauche.

2.

Marche.

3.

Halte.

4.

A droite.

5.

Marche.

Aux trois premiers commandements, comme à l'article 4 de ce titre, pour tous les pelotons de la ligne ; excepté qu'au deuxieme le peloton de l'aile gauche recevra du Commandant en chef le point de vue en avant. Le Chef de ce peloton continuera le mouvement de *conversion à gauche*, qu'il arrêtera aussi-tôt que son peloton sera perpendiculairement sur la nouvelle ligne de direction ; il se placera au pivot droit, & alignera l'Aide-major sur le point de vue en avant : cet Aide-major indiquera le point de vue en arriere.

Au quatrieme commandement, tous les pelotons, excepté les second & troisieme de l'aile gauche, feront *à droite*.

Au cinquieme commandement, tous les pelotons marcheront par le flanc droit, chaque Chef de peloton se plaçant au côté gauche du premier homme de la file droite.

Les deuxieme & troisieme pelotons de l'aile gauche se jetteront, par le plus court chemin, dans la nouvelle direction, & se mettront le plus promptement possible au nouveau Chef de file, à leur distance, & au même pas que le peloton de la tête.

A mesure que chacun des autres pelotons prendra rang dans la colonne, chaque Chef fera les commandements *halte*, *front*, & *marche*, en se conformant à la nouvelle direction de la colonne, & au pas des pelotons placés avant le sien : pendant la marche par le flanc, ils se rapprocheront vers la tête de la colonne, & observeront pour leur distance ce qui a été prescrit à l'article premier de ce titre.

PLANC. XI. Lorsqu'on devra exécuter ces changements de position, sans que le peloton de l'aile droite, ou gauche, marche en avant, le Commandant en chef donnera tout de suite la direction au peloton de l'aile droite, ou gauche, prendra un point de vue en arriere, & n'en fera point prendre en avant.

On se conformera au surplus à tout ce qui vient d'être prescrit pour les changements de position en marchant ; excepté qu'en prenant rang dans la colonne, chaque Chef de peloton doit prendre sa distance, de maniere qu'elle se trouve juste en faisant les commandements *halte*, *front*, *alignez-vous*, ou *à gauche*, *alignez-vous*.

Dès qu'un bataillon sera dans la nouvelle direction, on pourra le faire mettre en bataille, en se conformant à ce qui a été prescrit au titre 9, suivant que la ligne aura été rompue à droite ou à gauche.

ARTICLE VI.

Changement de poſition central.

Principes généraux.

SI on prend pour diviſion de direction préciſément le peloton du centre de la ligne, on ne peut gagner du terrain en avant ou en arriere de ſon front primitif, que lorſque tous les pelotons ont pris rang dans la colonne.

Si on a pris pour diviſion de direction un peloton plus rapproché d'une des ailes, on ne pourra porter la colonne en avant, que lorſque tous les pelotons qui doivent paſſer en avant du peloton de direction, auront pris rang dans la colonne.

Le Commandant en chef ſe portera au peloton qu'il aura choiſi pour peloton de direction, indiquera le point de vue en avant : le Chef du peloton, par un mouvement de converſion *à droite* ou *à gauche*, placera ſa troupe perpendiculairement ſur la nouvelle ligne de direction, & ſe placera au pivot.

Le peloton qui dans la ligne étoit à la gauche ou à la droite de celui de direction, ſe jettera promptement dans la nouvelle ligne de direction, derriere le peloton ſur lequel ſe fera le mouvement, en obſervant ſa diſtance, & en ſe plaçant au Chef de file du point de vue en avant, & de l'Officier qui eſt à l'aile du peloton de direction.

Changement de poſition central à gauche, la droite en tête. PLANC. XII.

On commandera :

1.

Par peloton = à droite.

2.

Marche.

3.

Halte.

4.

A gauche & à droite.

5.

Marche.

Au premier commandement, les Chefs de peloton se porteront à deux pas en avant du centre de leur peloton.

Au second commandement, toute la ligne rompra par peloton à droite, les deux pelotons qui sont dans la direction ne bougeront pas : le mouvement de conversion fini, les Chefs de peloton feront le troisieme commandement *halte*.

Au quatrieme commandement, les pelotons de l'aile droite feront *à gauche*, les pelotons de l'aile gauche feront *à droite*.

Au cinquieme commandement, les premiers marcheront au pas redoublé par le flanc gauche, & les derniers par le flanc droit, conduits chacun par leur Chef.

Les Chefs de tous les pelotons de la tête qui viennent successivement prendre rang dans la colonne, en passant pardevant le peloton de direction, commanderont *halte*, pour arrêter leur flanc gauche, en s'alignant à gauche, sur les deux Officiers qui sont placés à l'aile gauche des deux pelotons de direction ; ils resteront en files ainsi que leur peloton, ne commanderont *front* & ne l'exécuteront eux-mêmes, que lorsque tous les pelotons de la tête auront pris rang dans la colonne, & ſur le commandement qui leur en ſera fait par le Commandant en chef.

Les Chefs des pelotons qui viennent ſucceſſivement prendre rang dans la colonne, en paſſant derriere le peloton de direction, conduiront leur file droite à hauteur de la file droite du peloton rangé avant les leurs dans la colonne, & commanderont tout de ſuite *halte*, *front*, *tête à gauche*, en ſe portant promptement au pivot gauche, pour y prendre le Chef de file, & rectifier leur diſtance.

La colonne étant formée, on lui fera les commandements pour ſe mettre en bataille, en ſe conformant à ce qui eſt preſcrit au titre 9, excepté que les pelotons qui auront pris les diſtances en avant du peloton de direction, s'aligneront à gauche ſur les pivots : auſſi-tôt après le mouvement de converſion fini, chaque Chef leur commandera : *halte*, *à gauche*, *alignez-vous*.

Changement de poſition central à droite, la gauche en tête.

PLANC. XIII.

LE peloton choiſi pour peloton de direction, recevra du Commandant en chef le point de vue en avant ; le Chef de ce peloton le placera par un mouvement de converſion à gauche, perpendiculairement ſur la nouvelle ligne de direction, & ſe placera au pivot droit.

Le peloton qui dans la ligne étoit à la droite de celui de direction, ſe placera tout de ſuite parallelement & derriere ce peloton ; ſon Chef ſe portera au pivot droit, & ſe mettra à ſon Chef de file ſur le point de vue en avant, & ſur l'Officier de l'aile droite du peloton de direction.

Ces dispositions faites, on fera les commandements pour rompre la ligne à gauche.

1.

Par peloton = à gauche.

2.

Marche.

3.

Halte.

4.

A gauche & à droite.

5.

Marche.

Aux trois premiers commandements, on rompra *à gauche*, comme on s'est rompu *à droite.*

Au quatrieme commandement, les deux pelotons de direction ne bougeront pas; les pelotons de l'aile gauche feront *à droite*, les pelotons de l'aile droite feront *à gauche.*

Au cinquieme commandement, les premiers marchant par le flanc droit, viendront successivement prendre rang dans la colonne en avant du peloton de direction.

Les Chefs de peloton s'aligneront eux-mêmes à droite, & resteront, ainsi que leurs pelotons, en file, jusqu'à ce que la colonne soit formée, & qu'il leur soit commandé de faire *front.*

Les derniers marchant par le flanc gauche, viendront successivement prendre rang dans la colonne, derriere le peloton de direction, & se conformeront à ce qui a été prescrit à l'article premier de ce titre, pour les pelotons qui viennent prendre rang dans une colonne, en marchant par le flanc opposé à celui qui doit servir de pivot pour se mettre en bataille.

Le Commandant en chef fera ensuite les commandements pour reformer la colonne en bataille, ou pour la faire marcher en avant sur cette nouvelle direction : ces mouvements serviront aussi pour changer la direction d'une colonne.

Une ligne, qui ayant rompu à gauche devra faire un changement de position central, de maniere que la droite soit en tête, exécutera d'abord la contre-marche, en observant du reste ce qui a été prescrit ci-dessus.

On exécuteroit de même la contre-marche, si une colonne ayant sa droite en tête, devoit faire un changement de position central avec sa gauche en tête.

Lorsqu'un régiment ou plusieurs seront sur deux lignes, & qu'on fera exécuter un changement de position central à la premiere ligne, la deuxieme suivra le mouvement de la premiere, en exécutant un changement de position par une aile ou par l'autre. PLANC. XII.

Exemple.

LA premiere ligne faisant un changement de position central à gauche, la droite en tête, la seconde rompra à droite pour faire face à gauche : le Commandant en chef conduira le peloton de l'aile droite, de maniere à conserver cette aile derriere l'aile droite de la premiere ligne, dont il suivra tous les mouvements ; il s'attachera à donner à sa nouvelle position une direction parallele à la premiere ligne.

Si, le mouvement fini, il se trouvoit que la

diſtance ordonnée entre les premiere & deuxieme lignes fût augmentée, il marcheroit enſuite en avant pour ſe rapprocher.

Si la premiere ligne fait un changement de front central à droite, la gauche en tête, la ſeconde ligne rompra à gauche pour faire face à droite, & la ligne entiere recevra la direction du peloton de l'aile gauche.

ARTICLE VII.

PLANC. XIV. ***Changement de front, en marchant par le front des pelotons.***

POUR changer de front à droite, on commandera:

1.

Changement de front à droite ═ *par peloton.*

2.

Marche.

Au premier commandement, chaque Chef de peloton avancera un peu l'épaule gauche, pour faire face à la direction dans laquelle il doit marcher.

Au ſecond commandement, tout le peloton marchera le pas redoublé, en avançant un peu l'épaule gauche, pour ſe conformer à la direction de ſon Officier, qui, ſe dirigeant ſur la file gauche du peloton qui le précédera, portera ſon peloton ſur le nouvel alignement du premier peloton dont on aura dirigé l'aile gauche ſur un point de vue choiſi.

En arrivant à la hauteur du troiſieme rang du peloton arrivé avant le ſien, chaque Chef de peloton commandera, *halte*, *alignez-vous.*

Pour changer de front à gauche, on commandera :

1.

Changement de front à gauche = par peloton.

2.

Marche.

Chaque Chef de peloton ſe portant leſtement à l'aile gauche, & avançant l'épaule droite, ſe conformera par la gauche à ce qui vient d'être preſcrit pour le changement de *front à droite*, & commandera à ſon peloton, *tête à gauche*, en même temps qu'il ſe portera à gauche.

Auſſi-tôt que ſon peloton ſera aligné, il repaſſera l'aile promptement à ſa place ordinaire.

TITRE XIII.

Des Déployements des colonnes ſerrées.

ARTICLE PREMIER.

Principes généraux des Déployements.

LE Commandant en chef déterminera d'avance, autant que les circonſtances le permettront, les points de direction de ſa droite & de ſa gauche, par les moyens preſcrits, titre 9, article premier.

Lorſqu'une colonne approchera du terrain ſur lequel elle devra ſe déployer, le Commandant en chef fera le commandement, *ſerrez à demi-diſtance.*

A ce commandement, répété par les Chefs de bataillon, la tête de la colonne continuant de marcher le pas ordinaire, les Chefs de peloton commanderont : *pas redoublé — marche.*

Tous les pelotons prendront le pas redoublé ; à mesure que chacun sera serré à demi-distance, il reprendra le pas ordinaire, au commandement de son Chef.

Lorsque les derniers pelotons de la colonne auront serré à demi-distance, le Commandant en chef commandera : *formez — les divisions.* A ce commandement, répété par les Chefs de bataillon, les Chefs de peloton commanderont : *oblique à droite — marche*, pour les pelotons impairs ; *oblique à gauche — marche*, pour les pelotons pairs dans les colonnes qui auront leur droite en tête : l'inverse s'observeroit pour former les divisions dans une colonne qui auroit sa gauche en tête. Dès que les pelotons d'une même division se seront respectivement démasqués, les Chefs des pelotons impairs commanderont, *en avant — marche*, en même temps que les Chefs des pelotons pairs commanderont, *pas redoublé — marche*, pour se porter à côté des pelotons impairs, & en reprendre le pas, en commandant, *pas ordinaire — marche.*

Les divisions étant formées, les Chefs de division se tiendront un pas en avant du centre de la division, ayant derriere eux, au premier rang, le Chef du second peloton de la division. Le Chef du huitieme peloton de chaque bataillon sera seul excepté de cette regle générale, & restera à sa place ordinaire au flanc gauche de son peloton. Le Commandant en chef commandera alors : *serrez en masse.* A ce commandement, répété par les Chefs de bataillon, les Chefs de division commanderont, *pas redoublé — marche*,

& feront ſerrer tout de ſuite leur diviſion à deux pas de diſtance : les Officiers, Fourriers, & Sergents de ſerre-file ſerreront contre le troiſieme rang de leur diviſion; la tête de la colonne continuera de marcher au pas ordinaire, & chaque diviſion ſe conformera à ce pas, à meſure qu'elle ſera ſerrée à la diſtance preſcrite.

Lorſque le Commandant en chef commandera *halte*, toutes les diviſions, à meſure qu'elles ſeront ſerrées, arrêteront au commandement de leur Chef.

Le Commandant en chef arrêtera toujours la diviſion de la tête de la colonne, ſur le terrain que la ligne devra occuper après le déployement, & dirigera l'alignement de cette diviſion ſur les points de vue de ſa droite & de ſa gauche.

Si les circonſtances ne lui ont pas permis de déterminer ces deux points, il donnera à cette diviſion la direction la plus conforme à ſes vues, & verra ſur quel point porte ſa direction, afin de les indiquer à l'Officier qui menera le déployement de la diviſion de la tête, & aux Chefs de bataillon qui ſe ſeront portés auprès du Commandant en chef, pour recevoir de lui les points de direction.

Si la colonne a ſa droite en tête, & qu'elle doive ſe déployer ſur une des diviſions de la colonne, c'eſt-à-dire, par ſa droite & par ſa gauche, le Commandant en chef choiſira, de préférence, un point de vue ſaillant vers la droite, & pourra ſe paſſer du point de vue de gauche : ſi la colonne a ſa gauche en tête, & qu'elle doive ſe déployer par ſa gauche & par ſa droite, le Commandant en chef choiſira, de préférence, un point de vue ſaillant vers ſa gauche, & pourra ſe paſſer du point de vue de droite.

Si la colonne a sa droite en tête, & si elle doit se déployer toute entiere sur sa gauche, sa premiere division étant division d'alignement, le Commandant en chef choisira un point de vue saillant vers la gauche.

Si la colonne a sa droite en tête, & qu'elle doive se déployer toute entiere par sa droite, sa derniere division étant division d'alignement, le Commandant en chef choisira un point de vue saillant vers la droite.

Toutes les fois que la division de la tête de la colonne ne sera point la division d'alignement, la division désignée, aussi-tôt qu'elle sera démasquée, se portera, au pas ordinaire, sur le terrain qu'occupoit la division de la tête de la colonne, dont l'alignement aura été marqué par deux Sergents de Serre-file, placés par le Commandant en chef contre le front de cette division, l'un devant l'homme de sa droite, l'autre devant l'homme de sa gauche, & dans la direction des points de vue donnés.

Si les points de vue n'ont pas pu être déterminés d'avance, le Commandant en chef cherchera, en passant alternativement à la droite & à la gauche des deux Sergents, un point de vue pour la droite & un pour la gauche.

La division d'alignement se portera contre & en arriere de ces deux hommes, de maniere que, l'alignement pris, les points de direction se trouvent précisément en avant du front.

Toutes les fois qu'une colonne aura sa droite en tête, les divisions auront la tête à gauche, soit en serrant, soit après avoir serré, & jusqu'au commandement *halte*. On observera l'inverse dans une colonne ayant sa gauche en tête.

Si une colonne, ayant sa droite en tête, arrive par-derriere la droite du terrain qu'elle doit occuper en bataille, elle se déployera sur sa premiere division, & toute entiere par sa gauche.

Si une colonne, ayant sa droite en tête, arrive par-derriere la gauche du terrain qu'elle doit occuper en bataille, elle se déployera sur sa derniere division, & toute entiere par sa droite.

Si une colonne, ayant sa droite en tête, arrive sur une autre portion du terrain qu'elle doit occuper en bataille, le Commandant en chef désignera la division qui devra servir de division d'alignement, suivant la quantité de bataillons qui devront se porter à droite ou à gauche. Toutes les divisions de la tête, qui devront déployer par la droite, feront *à droite*; les divisions de la queue qui devront déployer par la gauche, feront *à gauche*, au commandement du Commandant en chef, répété par les Chefs de bataillon.

Dans tous les cas précédents, une colonne qui auroit sa gauche en tête, observeroit l'inverse.

On évitera, avec le plus grand soin, d'invertir l'ordre des compagnies dans les bataillons; mais lorsque les circonstances l'exigeront, on invertira l'ordre des bataillons dans les régiments, l'ordre des régiments dans les brigades, l'ordre des brigades dans la ligne.

Les déployements se feront toujours au pas redoublé. Aussi-tôt que les divisions auront fait *à droite* ou *à gauche*, l'Officier de serre-file le plus près du flanc par lequel sa division devra marcher, se portera à ce flanc devant l'homme du premier rang : cet Officier de serre-file comptera un nombre de pas égal au front de sa division, en commençant à compter son premier pas au commandement *halte*, fait à la division qui déploye avant la sienne. Le Chef de chaque division aura attention de commander *halte*, aussi-tôt qu'il verra que sa division aura marché un nombre de pas égal à son front. On établira pour régle générale, la proportion de pas suivante :

Pour 10 files . . . . 7 pas & demi.
Pour 20 files . . . 15.
Pour 40 files . . . 30.

Les Aides-major & Sous-aides-major de chaque bataillon suivrònt le déployement, & remédieront promptement aux plus petites irrégularités dans les distances ; de maniere que, si une division avoit pris plus ou moins de distance qu'il ne lui en faut, la faute ne se communiquât pas successivement à toutes les divisions de la colonne.

Pour que ces Officiers-majors puissent remédier aux irrégularités du déployement, il faut qu'ils se tiennent sur le front du déployement, dans la partie qui déploye sur sa premiere division, & derriere le déployement dans la partie de la colonne qui se déploye sur sa derniere division.

EXEMPLE.

PLANC. XV. ***Déployement d'une colonne de deux bataillons ayant sa droite en tête, arrivant par le centre du terrain qu'elle doit occuper après le déployement.***

LES points de vue choisis, la compagnie de Grenadiers du premier bataillon étant alignée, les deux Sergents de serre-file étant placés en avant de son front, l'un vis-à-vis son homme de droite, l'autre vis-à-vis son homme de gauche, les points de direction étant indiqués aux Chefs de bataillon, le Commandant en chef commandera :

1.

Quatrieme division du premier bataillon ne bouge.

2.

A droite & à gauche.

3.

Marche.

Au second commandement, répété par les Chefs de bataillon, la compagnie de Grenadiers & les trois premieres divisions du premier bataillon feront *à droite*, le second bataillon fera *à gauche* ; le Capitaine de Grenadiers du premier bataillon se placera à côté de l'homme de droite de sa compagnie, faisant face au point de vue de la droite ; il choisira sur le champ quelques points intermédiaires sur le terrain, entre l'objet indiqué & lui-même.

Au troisieme commandement, répété par les Chefs de bataillon, toutes les divisions qui auront fait *à droite*, marcheront par leur flanc droit, les Officiers de serre-file placés à ce flanc s'alignant, & observant à gauche la distance de deux pas. Les divisions qui ont fait *à gauche*, marcheront par le flanc gauche ; les Officiers de serre-file placés à ce flanc s'aligneront, & observeront leur distance à droite.

Aussi-tôt que la troisieme division du premier bataillon aura marché un nombre de pas égal à son front, son Chef lui commandera, *halte*, *front*, *tête à gauche*, en se portant à la gauche de sa division.

Aussi-tôt que la quatrieme division du premier bataillon sera démasquée, son Chef qui sera placé à l'aile gauche lui commandera, *marche*, & la portera au pas ordinaire sur l'alignement de la division de la tête ; le Chef de la troisieme division attendra pour lui commander *marche*, qu'elle soit démasquée par la seconde division, le déployement continuant ainsi pour chaque division de la droite, qui se portera successivement par échelons au pas ordinaire sur le nouvel alignement : à mesure que chaque division de droite arrivera sur le nouvel alignement, son Chef lui commandera, *halte*, *à gauche*, *alignez-vous*. La compagnie de Grenadiers du premier bataillon, si elle a été correctement dirigée sur le point de vue de droite, fera *halte*, *front*, & s'alignera à gauche, au commandement de son Officier. Le Chef du bataillon, en se portant à mesure le long du front, dirigera l'alignement de son bataillon sur le point de vue de droite. Aussi-tôt que chaque division sera alignée, son Chef se portera à la droite à sa place ordinaire.

Pendant que ceci s'exécute par la droite, la premiere division du second bataillon, après avoir marché un nombre de pas égal à son front, & aux six toises nécessaires pour l'intervalle entre les bataillons, fera *halte*, *front*, au commandement de son Chef, qui se portant à la droite, lui commandera, *alignez-vous*. A ce commandement, la division se redressera parallelement à la nouvelle ligne de direction ; il lui commandera ensuite, *marche*, pour la porter sur le nouvel alignement. La seconde division, la troisieme, la quatrieme, & la compagnie de Grenadiers, se conformeront à ce qui vient d'être prescrit pour la premiere division de ce bataillon. Toutes ces divisions, en se déployant, marcheront un peu obliquement à droite, en obſervant ſur-tout de reſter toujours un peu en-deçà de la nouvelle ligne de direction. A meſure que chaque diviſion arrivera ſur le nouvel alignement, ſon Chef lui commandera, *halte*, *alignez-vous*. Le Chef du ſecond bataillon dirigera l'alignement vers le point de vue de gauche, ainſi qu'il a été preſcrit pour le Chef du premier bataillon; & s'il n'y en avoit pas d'indiqué, il ſe conformeroit à l'alignement du premier bataillon, en ſe retournant de temps en temps pour en ſuivre la direction.

Une colonne rompue par la droite, ou par la gauche, voulant ſe déployer tout d'un coup pour faire front par ſon premier rang du côté oppoſé à ſa marche, fera la contre-marche, ſoit par peloton, ſoit par diviſion, mais exécutera ce mouvement avant d'avoir ſerré en maſſe.

La contre-marche exécutée, le Commandant en chef fera ſerrer à demi-diſtance, ſi la colonne marchoit avant le mouvement, avec diſtance entiere entre les pelotons; fera former les diviſions, ſi la colonne étoit encore par peloton, & enſuite ſerrer en maſſe.

Il fera enſuite déployer, en ſe conformant à ce qui vient d'être preſcrit.

Si l'on ſe trouvoit ſur deux colonnes, compoſées, l'une des droites de premiere & ſeconde lignes, l'autre des gauches de premiere & ſeconde lignes, le Commandant en chef déterminera les points de vue pour la premiere ligne, indiquera la colonne qui devra ſervir de direction, & fixera combien de bataillons de chaque colonne devront ſe déployer par la droite, & combien par la gauche.

Deux Aides-major chercheront auſſi-tôt les points

de vue intermédiaires, & se placeront de façon à marquer exactement la distance nécessaire en proportion du nombre de bataillons qui devront se déployer pour remplir le vuide qui est entre les deux colonnes.

Si la colonne de droite sert d'alignement, les Commandants en chef des autres colonnes se tiendront à la gauche de leur tête, commanderont *tête à gauche*, & les dirigeront sur celles de la colonne de la droite. On pratiquera l'inverse, quand la colonne de la gauche servira d'alignement.

Les têtes des colonnes de la seconde ligne observeront pendant la marche la distance prescrite, & se déployeront ensuite parallelement à la premiere. Le reste s'exécutera comme il a été dit ci-dessus.

ARTICLE II.

Déployement d'une Colonne serrée, en commençant par placer les bataillons à côté les uns des autres, chaque bataillon restant en colonne.

UNE colonne serrée en masse, de quelque nombre de bataillons qu'elle soit composée, & formée par divisions, devant déployer sur un terrain qui manqueroit de profondeur, & qui ne permettroit pas aux divisions de la queue de se porter par la diagonale sur le nouvel alignement, se déployera de la maniere suivante :

PLANC. XVI. Dans cet exemple, on a supposé une colonne de quatre bataillons.

On commencera par placer les quatre bataillons en colonne à côté les uns des autres, par les moyens suivants.

Le Commandant en chef désignera le bataillon d'alignement. Dans cet exemple, ce sera le troisieme. On commandera :

1.

Troisieme bataillon ne bouge.

2.

A droite

&

à gauche.

3.

Marche.

Au second commandement, le premier & le deuxieme bataillon feront *à droite*, le quatrieme fera *à gauche.*

Au troisieme commandement, le premier & le deuxieme marcheront par leur flanc droit. Aussitôt que le deuxieme aura démasqué le troisieme, on lui commandera, *halte*, *front*, *tête à gauche.*

Le Chef du troisieme bataillon commandera en même temps *marche* à ce bataillon, qui, avec la tête à gauche, avancera au pas ordinaire, & s'arrêtera sur l'alignement du premier rang du premier bataillon, marqué par deux Bas-officiers.

Le deuxieme bataillon étant démasqué par le premier, avancera de même, pour se porter & s'arrêter sur l'alignement.

Le premier bataillon, après avoir démasqué le deuxieme, fera *halte*, *front*, *tête à gauche*, & s'alignera aux deux autres.

Le quatrieme bataillon, après avoir fait *à gauche*, marchera par son flanc, pour se démasquer de derriere le troisieme; lorsqu'il se sera démasqué, on lui commandera *halte*, *front*, *marche*, pour se porter au pas ordinaire, & s'arrêter ſur l'alignement, par les commandements *halte, alignez-vous.*

Les compagnies de Grenadiers dans les bataillons impairs, les premieres diviſions dans les bataillons pairs, ſeront alors ſur le même alignement, & ſeront chacunes ſuivies par les autres diviſions dans l'ordre qu'elles ont dans les bataillons.

On portera les quatre bataillons joints les uns aux autres ſur le terrain ſur lequel on voudra les déployer, & ils ſeront ainſi ſuſceptibles de l'être ſur telle diviſion qu'on jugera à propos, ſuivant le terrain qu'on aura à occuper ſur la droite ou ſur la gauche. Dans cet exemple, ils ſeront ſuppoſés arrivant ſur le terrain du déployement, n'ayant de place à gauche que pour deux bataillons.

En arrivant ſur le terrain où doit ſe faire le déployement, tout fera *halte*, & s'alignera *à droite* : le Commandant en chef veillera de la droite, à ce que l'alignement ſoit dirigé ſur le point de vue de la gauche.

Il placera deux Sergents ſur le front de la premiere diviſion du bataillon, dans lequel ſe trouvera la diviſion d'alignement.

Dans cet exemple, la compagnie de Grenadiers du ſecond bataillon ſera diviſion d'alignement.

Les deux premiers bataillons ſe déployeront ſur leur derniere diviſion, les deux derniers ſur la premiere.

On commandera :

1.

A droite & à gauche.

2.

Marche.

Au premier commandement, les deux premiers bataillons feront *à droite*, excepté la compagnie de Grenadiers du second bataillon. Les troisieme & quatrieme feront *à gauche*.

Les Chefs de toutes les premieres divisions, ou des compagnies de Grenadiers qui seront en tête, se porteront tout de suite au côté gauche de leur homme de droite, dans les bataillons qui auront fait *à droite*, au côté droit de leur homme de gauche, dans les bataillons qui auront fait *à gauche*, & feront face du côté par lequel ils devront déployer ; ils seront remplacés par le Sergent du troisieme rang. Ils régleront le pas de leur bataillon, en se conformant eux-mêmes au pas de l'Officier qui conduira le bataillon qui les précede.

Au deuxieme commandement, tout se mettra en marche par le flanc droit & gauche, le premier rang se dirigeant sur le point de vue, en le laissant un peu découvert.

La Compagnie de Grenadiers du troisieme bataillon, après avoir marché un nombre de pas suffisant pour donner l'intervalle du bataillon, s'arrêtera, fera *front*, & s'alignera à droite : les quatre autres divisions de ce même bataillon se porteront par la ligne la plus courte sur l'alignement ordonné ; à mesure qu'elles se seront successivement démasquées, elles se conformeront dans chaque bataillon à ce qui a été prescrit pour le déployement par la gauche.

Au commandement *halte*, fait à la quatrieme division du troisieme bataillon, la premiere division du quatrieme marchera dix-huit pas, pour donner l'intervalle du bataillon : on lui commandera, *halte*, *front*, *alignez-vous*, pour s'aligner à droite; les autres divisions se conformeront ensuite à ce qui vient d'être prescrit pour celles du troisieme bataillon.

En même temps que ceci s'exécutera par la gauche pour le troisieme & le quatrieme bataillon, la compagnie de Grenadiers du deuxieme bataillon, qui seule n'a pas bougé, attendra qu'elle soit démasquée; aussi-tôt qu'elle le sera, elle se portera, avec la tête à gauche, sur l'alignement ordonné. Lorsque l'Officier qui la commandera, prononcera *marche*, le Chef de la quatrieme division, qui aura commandé *halte* lorsque cette division aura marché le nombre de pas suffisant pour démasquer la compagnie de Grenadiers, commandera *halte*, *front*, *tête à gauche*, & attendra dans cette position qu'il soit démasqué par la troisieme division; ainsi de suite, jusqu'à ce que la premiere division du second bataillon ait fait *halte* & *front*.

Lorsque le Chef de cette division commandera *halte*, la quatrieme division du premier bataillon marchera dix-huit pas pour l'intervalle du bataillon, fera ensuite *halte*, *front*, *tête à gauche*, & se portera sur l'alignement du second bataillon, lorsqu'elle sera démasquée.

Les autres divisions se conformeront à ce qui vient d'être expliqué pour toutes celles du second bataillon; de maniere que, dans la partie qui déployera à droite, le déployement commencera par la derniere division, ou les Grenadiers de la queue dans chaque bataillon, tandis que, dans la partie qui déployera par la gauche, le déployement commencera dans chaque bataillon par la division de la tête, ou les Grenadiers de la tête.

Chaque Chef de bataillon se placera à mesure dans l'intervalle de son bataillon, dirigeant l'alignement sur le point de vue de gauche, dans les bataillons qui s'aligneront à droite, & sur le point de vue de droite dans les bataillons qui s'aligneront à gauche.

Ce déployement, en apportant les bataillons à côté les uns des autres, peut servir pour éviter l'inversion dans le cas où une colonne ayant sa droite en tête devroit déployer par la droite sur sa premiere division, ou dans le cas où une colonne ayant sa gauche en tête devroit déployer par sa gauche sur sa premiere division, pour déborder l'ennemi : dans ces deux cas, le déployement commenceroit successivement dans chaque bataillon par la division de la queue.

ARTICLE III.

Pour prendre les distances par la queue de la colonne.

PL. XVII.

LORSQU'UNE colonne formée par sa droite, étant d'abord serrée en masse pour se déployer en avant, croyant l'ennemi devant elle, sera ensuite forcée, par les circonstances, de se mettre en bataille pour faire face à gauche, en se prolongeant dans la direction de sa marche, le Commandant en chef commandera :

1.

Halte.

2.

Par la queue de la colonne = *prenez vos distances.*

3.

Marche.

Au premier commandement, la colonne arrêtera.

Au deuxieme commandement, le Commandant en chef se portera à la queue de la colonne, indiquera à la tête & aux Chefs de division, ou peloton, qui se porteront tout de suite sur les pivots gauches, un point de vue en avant, sur lequel ils se dirigeront.

Au troisieme commandement, toute la colonne prendra le *pas redoublé*, à l'exception de la derniere division, ou peloton de la queue de la colonne, qui restera de pied ferme. Chaque Chef de division, après avoir donné à celle qui le suit, la distance nécessaire, commandera *division* == *halte*. Il ne fera ce commandement que lorsqu'il en sera averti à demi-voix par le Chef de division qu'il précede.

A mesure que les divisions se trouveront de pied ferme, chaque Chef de division, après avoir vu arrêter celle qui précédoit la sienne, se tournera à droite, faisant face au Soldat qui devra servir de pivot, pour l'aligner sur les pivots des divisions de la queue de la colonne.

Aussi-tôt qu'un bataillon ou demi-rang aura pris sa distance, il pourra se mettre en bataille, si le cas l'exige.

On se conformera, pour se mettre en bataille, à ce qui a été prescrit au titre 9, article 2, excepté qu'après le mouvement de conversion fini, toute la ligne s'alignera sur la division de la queue de la colonne; & le Commandant en chef aura soin de diriger de ce point toute la ligne dans la direction du point de vue en avant.

Si cette colonne, formée par la droite, est obligée de faire face à droite, aussi-tôt que chaque division aura pris sa distance, son Chef lui commandera *demi-tour* == *à droite*; il se portera alors sur le pivot gauche, pour prendre le Chef de file.

Sur le commandement *à gauche en bataille*, les Serre-files passeront promptement derriere la division.

Au commandement *marche*, les divisions feront un mouvement de conversion à gauche, s'aligneront à droite après le mouvement de conversion fini, & auront alors leur troisieme rang pour premier.

Cette regle servira de principe général pour éviter l'inversion des compagnies dans le bataillon, dans les cas de même espece qui pourront se rencontrer.

La colonne formée par la gauche exécutera, dans chacun des deux cas précédents, les mouvements contraires.

ARTICLE IV.

Colonne serrée, formée sur le centre.

Si la colonne est de deux bataillons, elle sera formée par peloton.

Si elle est de quatre bataillons, ou plus, elle sera formée par division.

On commandera :

1.

Sur tel peloton ou *division, formez la colonne.*

2.

La droite ou *la gauche en tête.*

3.

A droite ou *à gauche*..... ou *à droite & à gauche.*

4.

Marche.

Au troisieme commandement, la division désignée ne bougera pas; les divisions de la droite feront *à gauche*; les divisions de la gauche feront *à droite*, & en même temps les premieres files de chaque division se déboîteront ; celles de la droite qui ont fait *à gauche*, en se jettant vivement deux pas sur le côté droit ; celles de la gauche qui ont fait *à droite*, deux pas aussi sur le côté droit.

EXEMPLE.

PL. XVIII. *Formation d'une colonne de deux bataillons sur le centre, par peloton.*

DANS cet exemple, la droite sera en tête, & la colonne se formera sur le huitieme peloton du premier bataillon.

1.

Sur le huitieme peloton du premier bataillon — formez la colonne.

2.

La droite en tête.

3.

A droite & à gauche.

4.

Marche.

Au troisieme commandement, les pelotons du second bataillon feront *à droite* ; les sept premiers du premier bataillon feront *à gauche*, & les premieres files se déboîteront deux pas sur la droite.

Au quatrieme commandement, chaque peloton conduit par son Chef qui est venu se placer contre la premiere file du flanc par lequel son peloton devra marcher, viendra se former successivement, ceux qui ont fait *à gauche* en avant du peloton de direction qui n'a pas bougé, ceux qui ont fait *à droite* derriere ce même peloton, pour prendre successivement rang dans la colonne, en observant deux pas de distance d'un peloton à l'autre.

A mesure que la file gauche de chaque peloton qui vient se former en avant, arrivera à hauteur de la file gauche du peloton de direction, son Chef lui commandera *halte*, *front*, *tête à gauche*, & faisant face à sa troupe, il alignera la file gauche de son peloton sur les files gauches des pelotons placès avant le sien dans la colonne.

A mesure que la file droite de chacun des pelotons qui viennent prendre rang dans la colonne derriere le peloton de direction, arrivera à hauteur de la file droite des pelotons placés dans la colonne, son Chef lui commandera *halte*, *front*, *tête à gauche*, en se portant lui-même à l'aile gauche, pour rectifier l'alignement en file.

Cet alignement exactement pris, les Chefs de peloton se porteront au centre de leur peloton, comme il est expliqué à l'article premier de ce titre.

Regle générale.

Si un régiment en bataille veut se former en colonne serrée sur la division de droite, & doit avoir sa droite en tête, toutes les divisions prendront rang dans la colonne, successivement derriere la premiere division, & se déboîteront à droite au troisieme commandement.

Si dans le même cas la gauche doit être en tête, elles prendront rang dans la colonne pardevant la premiere division, & se déboîteront à gauche au troisieme commandement.

Si un régiment en bataille doit se former en colonne serrée sur la division de gauche, & avoir sa gauche en tête, les divisions prendront rang derriere cette division, & se déboîteront sur la gauche au troisieme commandement.

Si dans le même cas la droite doit être en tête,

les divisions prendront rang devant la division de direction, & se déboîteront sur la droite au troisieme commandement.

Si la colonne doit se former sur une des autres divisions de la ligne, & avoir sa gauche en tête, les divisions de l'aile droite prendront rang derriere la division de direction, & les divisions de l'aile gauche devant cette même division.

Cette colonne pouvant servir de manœuvre de profondeur contre la Cavalerie, le Commandant en chef déterminera la position des compagnies de Grenadiers, soit aux angles, soit sur les flancs, soit en avant, soit en arriere de la colonne, partout où il le jugera nécessaire.

Si on ne leur donne point de destination particuliere, elles prendront rang dans la colonne, comme les autres divisions; elles en sortiront par leur flanc droit, ou leur flanc gauche, à l'instant où on leur déterminera une nouvelle destination.

Une colonne ainsi serrée, traversant une plaine, & suivie par de la Cavalerie d'assez près pour être obligée de s'arrêter, fera alors *front* du côté de l'ennemi.

S'il est en tête, la division de la tête fera *feu*, en le combinant de maniere que la moitié du front soit toujours chargée.

S'il est sur un des flancs, les Serre-files les plus près du flanc rempliront les intervalles des divisions, en s'alignant aux premieres files devenues premier rang.

Les trois premiers rangs de ce flanc feront *feu*, au commandement d'un Officier de serre-file, dans l'ordre ci-après:

Si la colonne est formée par division ou par peloton, le feu commencera par les trois files du flanc de toutes les diviſions ou pelotons impairs ; lorſque celles-ci auront chargé, les trois premieres files de toutes les diviſions ou pelotons pairs tireront enſuite : le feu recommencera par les diviſions ou pelotons impairs, ſe réglant ainſi alternativement les unes ſur les autres, de maniere que la moitié du flanc devenu front ſoit toujours chargée.

Si la colonne eſt obligée de faire *feu* des quatre côtés, les diviſions de la tête & de la queue feront face en dehors, & tireront comme il vient d'être expliqué : chaque flanc fera le *feu* preſcrit ci-deſſus ; l'intérieur de la colonne fera face du côté vers lequel l'ennemi ſera ſuppoſé ſe préſenter le plus en force.

Les Chefs de diviſion & de peloton, tous les Serre-files de l'intérieur de la colonne, maintiendront l'ordre dans la colonne.

Auſſi-tôt que la colonne pourra continuer ſa marche, elle ceſſera le *feu*, & marchera.

Les pelotons de drapeaux, dans cette circonſtance, ſe placeront en ſerre-file ſur un rang, derriere la droite du cinquieme peloton.

Les Tambours ſe placeront entre le premier & le ſecond bataillon, ſur deux rangs ; & en formant la colonne, on leur laiſſera la diſtance néceſſaire.

TITRE XIV.

Du Paſſage du défilé.

PLANC. XIX.

S'IL ſe trouve un pont ou un défilé en avant d'une ligne qui marche en bataille, & s'il ne peut contenir que huit files, les files qui ſe trouveront vis-à-vis le pont ou le défilé, marcheront droit en avant ; l'aile droite fera *à gauche*, l'aile gauche *à droite*, & chacune suivra par le flanc les files de la tête qui ont rempli le défilé.

Dès que la tête sera douze pas hors du défilé, les files de la tête s'arrêteront, & les autres se mettront successivement en bataille, au pas redoublé, à mesure que le terrain le permettra.

Si la tête continue de marcher, elle prendra le petit pas ; le premier bataillon formé sera bataillon d'alignement : à mesure que les drapeaux de chaque bataillon seront en ligne, on commandera, *drapeaux en avant* ; le bataillon s'alignera sur ses drapeaux ; aussi-tôt le centre de ce bataillon marchera sur un point de vue.

PLANC. XX. Si c'est un débouché large du front d'une division, chaque aile formera une colonne par peloton, l'aile droite rompant à gauche & l'aile gauche à droite, pour suivre les deux pelotons qui se trouveront vis-à-vis du débouché, lesquels auront la tête de la colonne : tous les pelotons serreront à demi-distance.

Si le défilé se réduit au front d'un peloton, chaque seconde section doublera derriere sa premiere dans la colonne de droite, & devant sa premiere dans la colonne de gauche. On formera les pelotons dès que le terrain le permettra, & la colonne serrera en masse.

A mesure que la gorge s'élargira, les pelotons de droite & de gauche se mettront en bataille par le pas redoublé, en appuyant à droite dans la colonne de droite, à gauche dans la colonne de gauche : chaque Chef de peloton se tiendra à la gauche de son peloton dans la colonne de gauche, & à la droite dans la colonne de droite, pour mieux juger de l'inſtant où le défilé s'élargira.

Le reſte de chaque colonne ſe dirigera derriere le dernier peloton qui ſe ſera mis en ligne, pour pouvoir ſe mettre ſucceſſivement en bataille à meſure que le terrain le permettra.

Lorſqu'on voudra achever le déployement, ſans que la ligne marche, les pelotons en bataille feront *halte*, & les autres ſe déployeront de droite & de gauche, comme il eſt expliqué au titre 13 des *Déployements*, article 2.

Le premier bataillon en bataille ſera bataillon d'alignement, & marchera le petit pas juſqu'à ce que la ligne ſoit formée, ou juſqu'à ce qu'on arrête la ligne.

Si la ligne marche en retraite, & que le paſſage doive ſe faire en préſence & à portée de l'ennemi, le Commandant en chef fera ſes diſpoſitions pour couvrir ſa retraite par une arriere-garde, & donnera ſes ordres pour paſſer le défilé par une ou les deux ailes, ſoit par files, ſoit par pelotons, ſuivant la largeur du défilé.

La ligne faiſant face à l'ennemi, ſi on doit paſſer par files par les deux ailes, le peloton de l'aile droite fera *à droite*; & chaque file ſur ſon terrain fera ſucceſſivement par file *à droite*, pour longer derriere la ligne; le peloton de l'aile gauche fera *à gauche*, & par file *à gauche* : ce qui ſera exécuté ſucceſſivement par tous les pelotons de la ligne. PLANC. XXI.

Les deux pelotons de l'aile viendront ſe réunir vis-à-vis du défilé, & y entreront, celui de l'aile droite par un *à gauche par file*, celui de l'aile gauche par un *à droite par file*.

Les autres pelotons ayant leur Chef ſur le flanc extérieur, ſuivront, ſans s'alonger, les pelotons des ailes.

Le défilé passé, les pelotons de l'aile gauche feront *à droite par file*, les pelotons de l'aile droite, *par file à gauche*, & marcheront ainsi par le flanc un nombre de pas égal au front de leur peloton. Après quoi, le Chef du peloton commandera, *formez le peloton* : ce qui s'exécutera, ainsi qu'il est expliqué au titre 8 *de la Marche du Régiment à son terrain d'exercice.* Les Chefs de peloton se mettront aussi-tôt sur les pivots droits dans l'aile gauche, sur les pivots gauches dans l'aile droite, pour marcher sur les points de vue qui seront donnés par le Commandant en chef, de maniere que tous les pivots marchent sur le même alignement.

PL. XXII. Si le passage doit se faire par le front d'une division, le peloton de chaque aile marchera quatre pas en arriere ; celui de l'aile droite fera *à gauche*, & celui de l'aile gauche *à droite* ; ils viendront se réunir vis-à-vis du défilé, &, en se joignant, feront *halte* & *front* par le troisieme rang.

Chaque peloton exécutera successivement le même mouvement pour prendre rang dans la colonne ; les deux derniers pelotons feront *demi-tour à droite*, & la suivront.

La colonne passera le défilé dans cet ordre, & continuera sa marche au-delà, jusques sur le terrain sur lequel on voudra la déployer.

On la fera alors serrer en masse, & aussi-tôt faire *front*, après quoi elle se déployera par la droite & par la gauche, en suivant les principes prescrits au titre 13 *des Déployements.*

Si le passage ne pouvoit se faire que par peloton, on exécuteroit dans chaque aile, par section, ce qui vient d'être prescrit par peloton.

TITRE XV.

Du Passage des Lignes.

Un régiment étant en premiere ligne, devant être relevé par un régiment de seconde ligne qui approche pour le remplacer, le Commandant en chef commandera :

A droite —— *passez la ligne.* Pl. XXIII. *Fig. 1.*

Cet avertissement sera répété par chaque Chef de bataillon, & aussi-tôt après les Chefs de peloton commanderont *à droite, marche*, ameneront leur peloton par un *à droite* par file, se tiendront toujours à la tête de leur peloton, auront attention, pendant la marche, de s'aligner, & d'observer leur distance à gauche.

La seconde ligne s'étant approchée de la premiere, à trente ou quarante pas de distance, fera *halte*, & prendra garde où se porteront les pelotons qui arriveront sur elle, pour doubler sur le champ les files nécessaires à leur passage.

Ce mouvement se fera lestement par quatre files, qui reculeront & rentreront aussi-tôt que le peloton de la premiere ligne aura passé : la deuxieme ligne marchera alors en avant pour venir occuper la position de la premiere.

Dès que les Chefs de bataillon de la premiere ligne auront commandé *halte*, les Chefs de peloton commanderont *front*, se porteront sur le pivot gauche pour prendre le Chef de file, & se remettront en bataille par un mouvement de conversion à gauche.

Lorſque le Commandant en chef voudra donner à la ligne la même diſpoſition que ſi elle avoit rompu à gauche, il commandera :

Pl. XXIII. Fig. 2.

A gauche = *paſſez la ligne.*

A cet avertiſſement, les Chefs de peloton iront gagner la gauche de leur peloton, & feront faire *à gauche*, enſuite par file *à gauche*, obſerveront leur diſtance à droite, & ſe placeront aux pivots droits pour ſe remettre en bataille.

Si une ligne ſe trouvoit dans le cas de donner paſſage à de la Cavalerie ou à de l'Artillerie, le Chef de chaque bataillon feroit alors doubler un ou pluſieurs pelotons l'un derriere l'autre, par le moyen indiqué au titre 13, article 4, pour former la colonne ſerrée.

Les pelotons doublés ſe déployeroient enſuite, comme il eſt preſcrit au titre 13, article 2.

TITRE XVI.

De la Marche d'une Colonne en route.

ARTICLE PREMIER.

De l'ordre qui ſera obſervé par une Colonne qui devra marcher en route.

Si une colonne rompue par peloton, la droite en tête, eſt en marche de route, on fera porter l'arme au bras au peloton de la tête, dont les deuxieme & troiſieme rangs prendront un pas de diſtance.

Le Soldat portera alors ſon arme indifféremment ſur une épaule ou ſur l'autre, pourvu que le bout du canon ſoit en haut.

La même choſe s'exécutera ſucceſſivement par chaque peloton, à meſure qu'il arrivera ſur le terrain du premier.

Les files marcheront à l'aiſe, mais on aura attention que les rangs ne ſe confondent jamais.

Les Chefs de peloton reſteront deux pas en avant du centre de leur peloton.

Un Sergent de ſerre-file le plus près de la gauche, viendra ſe placer à la gauche du premier rang, ſi on a rompu à droite, & ſera reſponſable au Chef du peloton de ſa diſtance; de maniere qu'à tous les inſtants de la marche la colonne n'occupe, de la tête à la queue, qu'un eſpace égal à l'étendue de ſon front.

Ce Sergent ſera auſſi reſponſable du Chef de file, autant que la direction de la marche le permettra.

Le Commandant en chef fera quelquefois le commandement *halte*, qui ſera répété très-rapidement par chaque Chef de bataillon & de peloton, & exécuté à l'inſtant même par les Sergents de la gauche de chaque peloton, ſur le terrain où ils ſe trouveront, ſans avancer ni reculer d'un pas.

Les files de chaque peloton ſe ſerreront promptement ſur la gauche; le premier rang s'alignera ſur le Sergent de la gauche; les deuxieme & troiſieme rangs ſerreront avec la plus grande vivacité, & les Soldats porteront l'arme, ſans attendre d'autre commandement.

Si le Commandant veut faire former le régiment en bataille, il rectifiera l'alignement en file de tous les pivots, fera les commandements pour ſe mettre en bataille : ce qui ſera exécuté comme il eſt preſcrit au titre 9, article 2.

Les Sergents de ferre-file placés aux pivots, rentreront alors à leurs places.

On fera rompre ensuite, & après avoir rompu, la colonne attendra un nouveau commandement pour marcher en avant.

Le Commandant en chef examinera avec la plus grande attention, si, au commandement *marche*, répété sans retard par les Chefs de bataillon & de peloton, tous les Sergents des ailes gauches & tous les pelotons se sont ébranlés en même temps.

Chaque Sergent de la gauche fera exactement son premier pas de deux pieds.

Le Commandant en chef fera plusieurs fois le commandement *halte*, pour arrêter la colonne, & celui de *marche*, pour la porter en avant, afin d'accoutumer les Officiers à la plus grande exactitude sur cet article essentiel.

Dans une colonne ayant sa gauche en tête, le Sergent de l'aile droite sera chargé de tout ce qui vient d'être prescrit pour le Sergent de l'aile gauche.

Aucun Soldat ne pourra quitter la colonne, sans la permission de son Officier, & sans avoir remis son fusil à un de ses camarades; il sera accompagné par un Bas-officier qui en répondra, & qui le fera rejoindre le plus promptement possible.

S'il se rencontre un défilé qui oblige de diminuer le front de la marche, chaque peloton, avant d'entrer dans le défilé, serrera les rangs & les files: les files qui ne pourront pas passer, doubleront derriere le reste du peloton, de maniere que, dans une colonne ayant sa droite en tête, la droite du peloton marchera la premiere, &

l'inverse dans une colonne ayant la gauche en tête.

Les Serre-files veilleront à ce que les rangs soient exactement serrés. Le Commandant sera par-tout où sa présence sera nécessaire, & ne souffrira, sous aucun prétexte, d'alongement dans la colonne.

Chaque Chef de bataillon veillera sur son bataillon.

On pourra marcher également par le flanc, à trois ou six de front; & dans ce dernier cas, on se conformera à ce qui est prescrit, titre 5, article 5, *Doublement des files*, &c.

ARTICLE II.

Prompte manœuvre.

La colonne étant en marche de route, & sa droite en tête, voulant promptement occuper une position en avant de son front pour y prévenir l'ennemi, on lui commandera : PL. XXIV.

1.

Halte.

2.

A gauche.

3.

Marche.

Au premier commandement, répété par les Chefs de bataillon & de peloton, la colonne arrêtera.

Au second commandement, toute la colonne fera *à gauche*; les Chefs de peloton se porteront à côté de l'homme de la gauche.

Au troisieme commandement, la colonne se mettra en mouvement par le flanc, au pas redoublé, chaque peloton faisant par file *à droite*, & son Chef observant sa distance à droite.

Le Commandant en chef aura ſoin de conduire lui-même les deux premiers pelotons de la tête de la colonne ; il ſe tiendra, pour cet effet, près de l'homme de la gauche du premier peloton, qu'il emmenera par un *à droite par file* droit devant lui ; il choiſira un point de vue *à gauche*, tiendra le flanc du premier peloton continuellement aligné ſur le point de vue de gauche, & le flanc du ſecond peloton dont il dirigera la marche. Ces deux pelotons marcheront au pas ordinaire ; les autres pelotons arriveront ſucceſſivement au pas redoublé ; les deux premiers ſerviront de direction aux autres ; tous les pelotons prendront le pas ordinaire, à meſure que chaque flanc, par lequel ils marcheront, ſera arrivé ſur l'alignement des deux premiers pelotons, qu'ils auront attention de ne jamais dépaſſer, & qui marcheront au pas ordinaire.

Lorſque la tête de la colonne ſera arrivée ſur le terrain où le Commandant en chef voudra l'appuyer, il commandera, *halte* ; auſſi-tôt tous les Chefs de peloton qui ſe trouveront déjà dans la nouvelle direction, commanderont, *front*, en reſtant ſur le pivot gauche, & en s'alignant correctement en file ſur les pivots des pelotons qui les précedent.

OBSERVATIONS.

Auſſi-tôt qu'il y aura un bataillon, ou demi-rang, arrivé dans la colonne, il pourra ſe mettre en bataille, ſi le cas l'exige ; les autres pelotons qui arriveront ſucceſſivement dans la colonne, obſerveront la même choſe.

Si une colonne, marchant par la gauche, veut faire cette manœuvre, elle exécutera par l'inverſe les mêmes principes qu'on vient de preſcrire pour la colonne qui marche par la droite.

TITRE XVII.

Des Feux.

ARTICLE PREMIER.

Feux de pied ferme.

PENDANT l'exécution des *feux*, les Officiers, les Fourriers & les Sergents porteront leurs armes: ceux de ferre-file auront continuellement les yeux fur leurs Soldats, pour les reprendre à voix baffe, s'il eft néceffaire.

On exercera les régiments à tirer de pied ferme, par peloton, divifion, demi-rang & bataillon.

Lorfque les régiments, avant de commencer l'exercice, devront charger les armes, le Commandant en chef en fera l'avertiffement; & auffi-tôt chaque Chef de bataillon les fera charger, felon qu'il eft prefcrit à la *Charge à volonté*, titre 3, article 4.

Commandements pour les Feux.

1.

Peloton,

Divifion,

Demi-rang de droite ou *de gauche*,

Bataillon.

2.

Armes.

3.

Joue.

4.

Feu.

Au deuxieme commandement, comme il a été prescrit au commandement, *apprêtez vos armes*, tit. 3, art. 3.

Au troisieme commandement, comme au *Maniement des Armes.*

Au quatrieme commandement, comme au *Maniement des Armes*; après quoi le Soldat mettra le chien au repos, & rechargera son arme, comme il est dit à la *Charge à volonté.*

On fera cesser tous les feux par un roulement; les Officiers feront alors porter les armes à leur troupe, quand même ils auroient commencé à faire les commandements pour le *feu*, & rentreront aussi-tôt dans le rang.

Les trois files de droite du cinquieme peloton, & les trois files de gauche du quatrieme peloton, ne tireront dans aucun cas.

Dans les feux de division, de demi-rang & de bataillon, les Officiers qui ne commanderont point les feux, se reculeront à hauteur du second rang, au premier commandement, & reprendront leur poste à la fin du roulement.

Feu par peloton.

On commandera:

1.

Feu = de peloton.

2.

Commencez le feu.

Au premier commandement, le Capitaine de Grenadiers & le Chef de chaque peloton feront un grand pas en avant, puis à gauche, à l'exception du Capitaine du huitieme peloton, & du Capitaine de Grenadiers de la gauche, qui feront *à droite*, après avoir fait de même un pas en avant.

Ils obſerveront, pendant le feu, de ſe reculer d'un pas ſur le front du peloton qui ne tire pas, & ils obſerveront encore de ne faire chaque commandement, qu'auſſi-tôt après que le précédent aura été exécuté.

Au ſecond commandement, le feu commencera par le premier peloton : lorſque le Chef de ce peloton commandera *joue*, le Chef du troiſieme peloton commandera *peloton*, & enſuite les autres commandements. Au commandement *joue* du troiſieme peloton, le Chef du cinquieme commandera *peloton*, & les autres commandements. Au commandement *joue* du cinquieme peloton, le Chef du ſeptieme commandera *peloton*, & les autres commandements.

Le deuxieme peloton de chaque diviſion ſe réglera ſur ſon premier peloton, de maniere que le Chef du deuxieme peloton d'une diviſion faſſe le commandement *peloton*, auſſi-tôt qu'il y aura une arme chargée dans le premier peloton. Si le feu continue, les premiers pelotons ſe régleront de même ſur leur ſecond.

Les Grenadiers tireront le plus vîte qu'ils pourront, obſervant ſeulement de ne pas tirer en même temps que le peloton ou la diviſion qu'ils auront à leur droite ou à leur gauche.

Feu par diviſion.

On commandera :

1.

Feu de diviſion.

2.

Commencez le feu.

Au premier commandement, le Chef de chaque division & les Capitaines de Grenadiers feront en même temps un pas en avant, puis à gauche, à l'exception des Capitaines de Grenadiers de la gauche, qui feront *à droite*.

Au second commandement, le Chef de la premiere division de chaque bataillon fera le commandement *division*, ensuite les autres.

Après que la premiere division aura fait *feu*, le Chef de la troisieme commandera *division*. La seconde division se réglera sur la premiere, & la quatrieme sur la troisieme, les deux divisions de chaque demi-rang se réglant l'une sur l'autre, comme il a été dit au *Feu de peloton*.

Les Grenadiers observeront le même principe qui leur a été prescrit au *feu de peloton*.

Feu de demi-rang.

On commandera :

1.

Feu de demi-rang.

2.

Commencez le feu.

Au second commandement, le demi-rang de droite de chaque bataillon commencera le feu, le demi-rang de gauche n'apprêtera que lorsque le demi-rang de droite finira de charger, ainsi de suite successivement, en se réglant l'un sur l'autre.

Le Chef de bataillon commandera successivement les deux demi-rangs.

Ce feu ne sera jamais établi qu'entre les deux demi-rangs de chaque bataillon.

Feu par bataillon.

On commandera :

1.

Feu de bataillon.

2.

Commencez le feu.

Un ou plusieurs régiments étant en ligne, devant faire *feu* par bataillon, à l'avertissement *commencez le feu*, tous les bataillons impairs commenceront, les bataillons pairs se réglant ensuite sur les impairs, & les impairs sur les pairs, comme il a été dit aux *Feux de peloton & de division.*

Les Chefs de bataillon commanderont le feu de la place qui leur est marquée en avant des drapeaux.

Feu en arriere.

On commandera :

1.

Feu en arriere.

2.

Demi-tour —— *à droite.*

Au second commandement, tout le bataillon fera *demi-tour à droite*, à l'exception des Officiers, des Fourriers & des Sergents de serre-file qui passeront promptement, les Serre-files derriere le premier rang devenu le dernier, & les Chefs de peloton à la gauche du dernier rang devenu le premier. les Chefs de bataillon se porteront en avant du dernier rang.

On exécutera alors les feux de peloton, division, demi-rang & bataillon, en se conformant à ce qui a été prescrit pour les *Feux par le premier rang.*

Lorſqu'on voudra remettre le bataillon dans ſon premier ordre, on commandera :

MM. les Officiers, à vos poſtes.

Demi-tour — *à droite.*

Les Serres-files paſſeront derriere le dernier rang, & les Chefs de peloton au premier rang.

On ſe conformera pour le *feu* de deux rangs, à ce qui eſt preſcrit dans l'Ordonnance de 1766, juſqu'à nouvel ordre ; excepté qu'au lieu de commander *haut les armes*, on commandera, *armes.* A ce commandement, les trois rangs prendront la poſition du ſecond rang dans les feux.

Un ſeul roulement fera ceſſer le feu des deux rangs.

ARTICLE II.

Feu de bataillon en avançant.

LORSQU'UN ou pluſieurs régiments, marchant en bataille, devront faire le feu de bataillon en avançant, on commandera :

1.

Feu de bataillon en avançant.

2.

Commencez le feu.

Au ſecond commandement, on commandera *halte* aux bataillons pairs ; les bataillons impairs continueront de marcher. Au ſixieme pas, on leur commandera *halte*, & auſſi-tôt *bataillon*, *armes*, *joue*, *feu*, & ils chargeront.

A l'inſtant où les bataillons impairs auront fait *feu*, on commandera *marche* aux bataillons pairs : lorſqu'ils auront marché douze pas, on leur commandera *halte*, *bataillon*, *armes*, *joue*, *feu*, & ils chargeront.

Les bataillons pairs, en se réglant sur les impairs, & les impairs sur les pairs, se devanceront ainsi successivement de six pas pour faire *feu*.

Feu de bataillon en retraite.

La ligne se retirant devant l'ennemi, marchera sans tirer, pour gagner du terrain en retraite, aussi long-temps qu'elle le pourra; mais si elle est pressée dans sa marche, au point d'être obligée de faire *feu*, elle l'exécutera par les moyens suivants.

On commandera:

1.

Feu de bataillon en retraite.

2.

Commencez le feu.

Au second commandement, on commandera *halte* aux bataillons impairs, & aussi-tôt *demi-tour* = *à droite*, *bataillon*, *armes*, *joue*, *feu*. Ils chargeront sur le même terrain.

Les bataillons pairs continueront de marcher: au sixieme pas, on leur commandera *halte*, *demi-tour* = *à droite*. Aussi-tôt que les bataillons impairs auront chargé, on leur commandera *demi-tour* = *à droite*, *marche*, pour se porter de même à six pas par-delà les bataillons pairs, A l'instant où ils arriveront à leur hauteur, on commandera à ceux-ci, *bataillon*, *armes*, *joue*, *feu*. Ils chargeront comme il a été dit pour les impairs, & seront mis en marche de la même maniere, pour marcher le même nombre de pas, & se porter en arriere des impairs.

Cet ordre alternatif sera observé autant de temps que ce feu devra durer.

Dans les *feux* en avançant & en retraite, les drapeaux resteront en avant, & ne rentreront point au commandement *halte*.

TITRE XVIII.

Revues d'Inspection & des Commissaires des Guerres.

ARTICLE PREMIER.

Formation des Livrets de revue.

LORSQU'UN régiment devra passer une revue d'inspection, ou la revue d'un Commissaire des Guerres, on ne changera rien à sa formation ordinaire; on fera les livrets dans le même ordre où les bataillons, les compagnies de Grenadiers & les pelotons doivent être rangés; les drapeaux resteront dans leur place ordinaire, quoique les Porte-drapeaux ne soient compris que dans l'Etat-major, mais les Sergents de leur garde & les Tambours rentreront à leurs compagnies.

ARTICLE II.

Disposition pour les Revues.

SI c'est une revue d'inspection que le régiment doit passer, il sera mis d'abord en bataille; il y restera jusqu'à ce que l'Officier général, ou l'Inſpecteur qui ſera chargé d'en faire l'inſpection, ordonne de le mettre en haie par compagnie : lorſqu'il en donnera l'ordre, on rompra le régiment à droite par compagnie ; on bordera enſuite la haie, ainſi qu'il a été preſcrit au titre 5, *des Manœuvres de détail*, article premier. Les troiſiemes Sergents & les Tambours iront alors rejoindre leurs compagnies.

Si l'Officier général ou Inſpecteur, après avoir vu le régiment en haie, ordonne qu'on le faſſe défiler, on reformera les compagnies, ainſi qu'il eſt preſcrit au titre 5, article premier.

On le fera défiler enſuite, ainſi qu'il eſt preſcrit art. 8 du titre 6 *de la Formation.*

Si le Régiment doit paſſer la revue d'un Commiſſaire des Guerres, les compagnies ſeront miſes en haie avant ſon arrivée.

SA MAJESTÉ voulant établir la plus grande uniformité ſur tous les points preſcrits par la préſente Inſtruction, rendra les Chefs des Corps perſonnellement reſponſables de tous les changements qui y ſeroient faits, ſoit dans les évolutions, dans les commandements, ou dans les moyens de détail, qui ſeront ſtrictement exécutés, juſqu'à ce qu'il plaiſe à Sa Majeſté d'en ordonner autrement. FAIT à la Muette le 11 Juin 1774. *Signé* LOUIS. *Et plus bas*, DE FELIX DU MUY.

TABLE
POUR
LA CONNOISSANCE
DES
DIFFÉRENTES FIGURES
employées dans la Planche I.re

C.el	Colonel.
L.C.el	Lieutenant-colonel.
M.or	Major.
A.	Aide-Major.
S.	Sous-aide-major.
F.	Fourrier.
	Tambour-major.
	Caporal-ſerre-file, ou marquant la droite des ſecondes ſections.
	Capitaine de Grenadiers.
	Capitaine de Fuſiliers.
L.	Lieutenant.

E. Sous-lieutenant.
Porte-drapeau.
1.er, 2.e & 3.e Sergents.
Tambours.
Soldats attachés aux Drapeaux.

Le Colonel, en bataille, n'a point de place marquée. En parade, il eſt à quatre pas en avant des drapeaux du premier bataillon.

Le Lieutenant-colonel, en bataille, eſt à huit pas en avant du premier rang du ſecond bataillon. En parade, il eſt à ſix pas.

Le Major, placé, comme le Lieutenant-colonel, devant le premier bataillon. En parade, il eſt un peu ſur la gauche du Colonel.

Les Aides-major, en bataille, ſix pas en arriere des Serre-files, derriere le centre du bataillon. En parade, à la droite de leur bataillon.

Les Sous-aides-major, en bataille, ſix pas en arriere des Serre-files, derriere la droite. En parade, à la gauche du bataillon.

Les Serre-files, en bataille & en parade, à deux pas en arriere du troiſieme rang.

Les Officiers, en parade, à quatre pas en avant du premier rang, & le Tambour-major à deux pas en avant du premier rang des Tambours.

Les Tambours, en bataille, derriere le centre du bataillon, à quinze pas des Serre-files.

EXPLICATION DES PLANCHES.

OBSERVATIONS GÉNÉRALES.

LES quatre figures ci-après repréſentent les différentes poſitions ou emplacements qu'occupent ou ont occupé les Troupes.

SÇAVOIR:

La figure ponctuée repréſente la 1.re poſition.

La figure au trait repréſente la 2.e poſition.

La figure au trait & pointillée repréſente la 3.e poſition.

La figure au trait & hachée repréſente la 4.e ou derniere poſition.

Le gros trait repréſente le premier rang.

PLANCHE I. Formation d'un Régiment de 2 bataillons. *Tit. 6.*

Fig. 1. Régiment en bataille.

Fig. 2. Régiment en parade.

PLANCHE II. Sortie du Quartier. Former les Pelotons. Maniere de trouver la ligne droite entre deux points. *Titres* 8 *&* 9.

Ce qui eſt au trait repréſente les deux bataillons ſortant du quartier & marchant par le flanc.

Ce qui eſt au trait & haché repréſente les pelotons formés, ſe formant, ou prêts à ſe former.

Le cinquieme peloton du deuxieme bataillon ſe forme, les 6.e, 7.e, 8.e & Grenadiers marchent encore par le flanc.

Les Aides-majors *R* & *A* cherchent la ligne droite entre l'arbre *C* & le moulin *D*.

La tête de la colonne dirige ſa droite ſur l'Aide-major *R*.

PLANCHE III. Entrée dans les points de vue. *Tit.* 9.

Fig. 1. Repréſente les deux bataillons entrant dans les points de vue, les Chefs de peloton placés ſur les pivots gauches.

Les Chefs de bataillon L.C.el & M.or dirigent les ailes gauches des pelotons ſur le point de vue en arriere, ainſi que le Commandant-C.el qui ſe retourne pour y gouverner la direction de la colonne.

Fig. 2. Les bataillons ſe mettent en bataille; les Chefs de peloton ſont placés ſur les ailes droites, à leurs places, excepté ceux du huitieme peloton & Grenadiers de gauche qui ſe trouvent à la gauche. Un Bas-officier du premier peloton de chaque bataillon eſt placé ſur l'alignement des ailes gauches, pour marquer la place de l'aile droite du bataillon.

Le Commandant-C.el eſt placé à la droite, pour rectifier l'alignement ſur le point de vue de gauche, ainſi que les Chefs de bataillon, pour y diriger l'alignement de leur bataillon. L'Aide-major *R*, point intermédiaire, reste jusqu'à ce que la ligne soit en bataille.

PLANCHE IV. Deux colonnes chacune de deux bataillons, composées de premiere & seconde lignes avec leur gauche en tête, entrant dans les points de vue. *Tit.* 9.°

La colonne de droite se dirige sur l'Aide-major *A*.

La colonne de gauche sur l'Aide-major *X*.

Ces deux Aides-major, après avoir trouvé la ligne droite entre l'arbre *O* & celui *B*, ont pris entr'eux la distance contenue entre les deux colonnes, afin de servir de point de direction à leurs têtes.

Les bataillons de premiere ligne étant entrés dans les points de vue, se dirigent sur l'arbre *O*. Ceux de seconde ligne, dont les Aides-majors *S R* ont marqué la distance parallele qui doit être entre les deux lignes, se dirigent sur l'arbre *V*.

PLANCHE V. Marche en bataille. *Tit.* 10.

Fig. 1. La ligne marche en avant.

Les drapeaux se sont avancés à six pas.

L'Aide-major *A* de chaque bataillon a indiqué un point de vue au drapeau de la droite.

L'arbre *B* est le point de vue du premier bataillon.

L'arbre *O* eſt celui du deuxieme bataillon.

a eſt le point intermédiaire qu'ils ont pris pour s'y diriger.

Fig. 2. Paſſages d'obſtacles.

Fig. 3. Les obſtacles paſſés, les ſections, pelotons & diviſions marchant par le flanc, ſont rentrés en ligne.

Fig. 4. La ligne a appuyé à droite ; elle a avancé enſuite droit devant elle, juſqu'à la figure ponctuée, en prenant pour nouveaux points de vue :

L'arbre *T* pour le premier bataillon.

L'arbre *Q* pour le deuxieme.

Fig. 5. La ligne a changé de direction à gauche, en prenant pour nouveaux points de vue :

L'arbre *R* pour le premier bataillon.

L'arbre *U* pour le deuxieme.

PLANCHE VI. Changement de direction à droite. *Tit.* 10.

La ligne marchant droit devant elle, ayant pour point de vue l'arbre *A* pour le premier bataillon, & l'arbre *B* pour le deuxieme bataillon, change de direction à droite.

Le premier bataillon prend l'arbre *D* pour nouveau point de vue.

La figure au trait marque ce bataillon pendant le mouvement.

On voit celui de l'aile droite qui cede à droite, ce qui l'a fait ſortir de la perpendiculaire *a c*, abaiſſée ſur ſon flanc droit.

On voit auſſi le mouvement de l'aile gauche pour ſe rapprocher & ne pas abandonner les drapeaux : les deux ailes ſe conforment, par ces mouvements, à la nouvelle direction du peloton des drapeaux.

Le deuxieme bataillon fait le même mouvement. La figure au trait & pointillée repréſente ce bataillon après avoir changé ſa direction : il appuie à gauche pour reprendre ſa diſtance que le changement de direction lui avoit fait perdre.

La petite ligne *O U* perpendiculaire ſur ſon flanc droit, fait voir que la diſtance étoit trop petite.

La figure au trait & hachée repréſente les deux bataillons dans leur nouvelle direction. Le nouveau point de vue du deuxieme bataillon, eſt l'arbre R ; & pour regagner l'alignement du premier bataillon, dont il étoit reſté en arriere pendant le changement de direction, il a alongé le pas.

PLANCHE VII. Changement de poſition en rompant à droite pour faire face à gauche. *Titre* 12.

1.re *Opération.* La ligne rompue à droite, & la compagnie de Grenadiers portée en avant dans la direction choiſie, l'Aide-major *A* eſt aligné ſur l'arbre *B*, point de vue en avant, par le Capitaine de Grenadiers placé ſur l'aile gauche. Cet Aide-major indique au Commandant-C.el le château O, point de vue en arriere.

PLANCHE VIII. Deuxieme opération & exécution du changement de position en rompant à droite pour faire face à gauche. *Titre* 12.

La compagnie de Grenadiers, tête de la colonne, avance sur le point de vue *B* : les autres pelotons marchent par le flanc droit pour prendre rang dans la colonne.

C.el-Commandant qui se retourne pour gouverner la direction de la colonne dans le point de vue en arriere.

PLANCHE IX. Changement de position en rompant à gauche pour faire face à gauche. *Titre* 12.

1.re *Opération.* La ligne rompue à gauche & les Grenadiers placés dans la direction choisie, l'Aide-major *A* est aligné sur l'arbre *B*, par le capitaine de Grenadiers placé sur l'aile droite. Cet Aide-major indique au Commandant-C.el la maison *O*, point de vue en arriere.

PLANCHE X. Deuxieme opération & exécution du changement de position en rompant à gauche pour faire face à gauche. *Titre* 12.

La compagnie de Grenadiers, tête de la colonne, avance sur le point de vue *B*: les autres divisions marchent par le flanc droit, pour prendre rang dans la colonne.

C.el-Commandant qui se retourne pour gouverner la direction de la colonne dans le point de vue en arriere.

PLANCHE XI. Changement de position en rompant à droite pour faire face à gauche, le peloton de la tête ne bougeant pas. *Tit.* 12.

La ligne rompue à droite, la Compagnie de Grenadiers est placée en avant dans la direction choisie. Le Commandant-C.el indique l'arbre *B*, point de vue en arriere, au Capitaine de Grenadiers.

Les pelotons marchent par le flanc droit, pour venir prendre rang dans la colonne.

PLANCHE XII. Changement de position central à gauche, la droite en tête sur deux lignes. *Tit.* 12.

Les deux lignes ont rompu à droite.

Mouvement de la premiere ligne. Le huitieme peloton du premier bataillon de premiere ligne est placé par le Commandant-C.el dans la direction de l'arbre *B*, point de vue en avant qu'il indique au Chef de ce peloton.

Le premier peloton du deuxieme bataillon est placé derriere dans la même direction. Les pelotons du premier bataillon marchant par leur flanc gauche, les pelotons du deuxieme marchant par leur flanc droit, viennent prendre rang dans la colonne.

Mouvement de la deuxieme ligne. La deuxieme ligne change de

poſition en rompant *à droite* pour faire face *à gauche*. La Compagnie de Grenadiers de ſon premier bataillon, en ſe portant en avant, eſt dirigée ſur l'arbre *O*, point de vue en avant. Les pelotons marchent par leur flanc droit pour prendre rang dans la colonne.

Ce mouvement eſt le même que celui indiqué ſur les Planches VII & VIII.

La deuxieme ligne miſe en bataille, avance entre *V* & *X* pour ſe placer à la diſtance de la premiere.

PLANCHE XIII. Changement de poſition central à droite, la gauche en tête. *Tit.* 12.

La ligne a rompu à gauche.

Le premier peloton du deuxieme bataillon eſt placé par le Commandant-C.[el] dans la direction de l'arbre *B*, point de vue en avant qu'il indique au Chef de ce peloton.

Le huitieme peloton du premier bataillon, placé derriere dans la même direction. Les pelotons du premier bataillon marchant par le flanc gauche, les pelotons du deuxieme bataillon marchant par le flanc droit, viennent prendre rang dans la colonne.

PLANCHE XIV. Changement de poſition à droite par deux bataillons, les pelotons marchant de front. *Tit.* 12.

Au commandement *marche*, les pelotons ſe ſont déboîtés à droite en ſe conformant à la direction de leurs Chefs (placés aux flancs droits), leſquels ont raccourci le pas pour donner le temps à l'aile gauche d'arriver.

Les pelotons, ſans s'arrêter, ont continué de marcher pour ſe porter ſur la nouvelle poſition.

Les rectangles au trait repréſentent les pelotons ayant fait leur premier pas pour ſe déboîter avec leurs Chefs ſur l'aile droite.

Ce qui eſt au trait & haché repréſente la ligne formée en partie ſur la nouvelle poſition.

On voit les derniers pelotons du deuxieme bataillon ayant leur droite dirigée ſur la gauche du peloton qui les précede, arrivant ſucceſſivement pour ſe mettre en bataille. Le quatrieme peloton eſt arrêté à hauteur du troiſieme rang, pour ſe mettre parallelement, & avancer enſuite ſur l'alignement.

Les Chefs de bataillon L.C.el M.or ſont placés ſur l'aile droite de leur bataillon, pour aligner leur bataillon ſur le point de vue de gauche *B*.

Le Commandant-C.el eſt placé de même ſur l'aile droite de la ligne pour rectifier l'alignement général.

PLANCHE XV. Colonne de deux bataillons ſe déployant. *Tit.* 13.

Fig. 1. Les bataillons ſont marqués ſe déployant. Ce qui eſt au trait & haché repréſente les diviſions en bataille ou encore en colonne.

Le déployement de cette figure premiere est arrêté, afin d'en pouvoir mieux démontrer le méchanisme.

Les Chefs de bataillon placés dans l'intervalle des bataillons alignent leurs premieres divisions, bases d'alignement; celui du premier bataillon, sur le point de vue de droite *B*; celui du deuxieme bataillon, sur celui de gauche *O*.

Bas-officiers marqués sur le front de la division d'alignement, contre lesquels cette division vient se placer, afin que les points de vue se trouvent en avant du front.

Les Aides-major *AA* suivent les divisions pendant le déployement, pour avertir les divisions en faute, & remédier aux distances qui pourroient se perdre. celui du premier bataillon qui déploye à droite, suit par-derriere son bataillon. Celui du deuxieme bataillon qui déploye à gauche, suit pardevant le front, & empêche les divisions, en déployant, de déborder l'alignement.

Fig. 2. Les bataillons sont marqués déployés : le trait haché les représente. Les rectangles ponctués marquent le terrain qu'occupoient les deux bataillons en colonne. Les rectangles au trait & en blanc dans le deuxieme bataillon, *fig. 1 & 2*, marquent les divisions déployées, & la position dans laquelle elles se trouvent avant de fe mettre parallelement à la ligne de bataille.

Les rectangles au trait & pointillés marquent, dans les deux bataillons & dans les deux figures, les divisions placées fur le terrain d'où elles partent pour avancer fur l'alignement.

Les Chefs de bataillon, en fe portant le long de la ligne, rectifient l'alignement fur les points de vue de leur bataillon.

PLANCHE XVI. Déployement d'une colonne de quatre bataillons; les bataillons placés d'abord en colonne à côté les uns des autres. *Tit.* 13.

Fig. 1. Repréfente la colonne.

Fig. 2. Les quatre bataillons fe placent à côté les uns des autres : le déployement fe fait fur le troifieme bataillon qui fert d'alignement. Lorfqu'il eft découvert, il avance fur l'alignement marqué par les deux Bas-officiers pour fe placer fur la ligne ponctuée en arriere d'eux.

Fig. 3. Les quatre bataillons font placés à côté les uns des autres, & avancent dans cet ordre fur le terrain où ils doivent fe déployer.

Fig. 4. Les bataillons fe déployent fur les Grenadiers du deuxieme bataillon; le premier & le deuxieme bataillon, excepté fes Grenadiers, ont fait *à droite*; les troifieme & quatrieme bataillon ont fait *à gauche*. Les rectangles ponctués marquent le terrain des bataillons avant de déployer.

Les rectangles au trait marquent, dans les deux bataillons, les divisions placées sur le terrain d'où elles partent pour avancer sur l'alignement.

Les Chefs de bataillon placés dans l'intervalle des bataillons, alignent leurs bataillons sur les points de vue; ceux du premier & du deuxieme bataillon, sur le point de vue de droite *B*; ceux du troisieme & du quatrieme, sur le point de vue de gauche *O*.

Planche XVII. Prendre les distances par la queue de la colonne. *Tit.* 13.

Ce qui est ponctué marque le terrain qu'occupoit la colonne avant de commencer le mouvement.

On voit la compagnie de Grenadiers, & les troisieme & quatrieme divisions du deuxieme bataillon qui ont leur distance: la premiere division de ce bataillon suit le premier bataillon, jusqu'à ce qu'elle ait donné la distance à la deuxieme division.

Le Capitaine de Grenadiers du premier bataillon marche sur le point de vue *B*, indiqué par le Commandant-C.el, lequel se tient à la queue de la colonne pour en diriger l'alignement sur le point *B*.

Planche XVIII. Formation de colonnes serrées. *Tit.* 13.

Fig. 1. Colonne de deux bataillons formée sur le centre par peloton.

La colonne eſt formée ſur le huitieme peloton du premier bataillon.

Le premier bataillon, excepté ce peloton, a fait *à gauche*, & les premieres files de gauche de chaque peloton ſe ſont déboîtées un peu à droite.

Le deuxieme bataillon a fait *à droite*; les premieres files droites de chaque peloton ont déboîté auſſi à droite.

Au commandement *marche*, les pelotons ſont venus ſe former, ceux du premier bataillon en avant du huitieme peloton.

Ceux du deuxieme bataillon, en arriere de ce huitieme peloton.

Ce qui eſt ponctué repréſente les bataillons avant de former la colonne, & le mouvement des premieres files pour ſe déboîter.

Ce qui eſt au trait & haché repréſente la colonne formée.

Fig. 2. Colonne de quatre bataillons formée par diviſion.

Dans une des diſpoſitions qu'on peut employer en plaine contre la Cavalerie, les Drapeaux & troiſiemes Sergents ſont en ſerre-files dans chaque bataillon, derriere le cinquieme peloton & tous les Tambours . Entre les deuxieme & troiſieme bataillons... les deux premieres compagnies de Grenadiers ſont à la tête de la colonne; les deux dernieres à la queue.

PLANCHE XIX. Paſſage de pont en avant par le flanc. *Tit.* 14.

Fig. 1. Le pont ſe trouve devant le ſeptieme peloton du premier bataillon. Huit files de ce peloton continuent de marcher en avant pour paſſer ſur le pont : la partie droite de ce bataillon a fait *à gauche*, le huitieme peloton & le deuxieme bataillon ont fait *à droite*.

Fig. 2. Tout ce qui a fait *à droite* & *à gauche* ſuit par le flanc les huit files du ſeptieme peloton : à meſure que chaque file a paſſé le pont, elle rentre en ligne.

Les petits ronds hachés repréſentent les files qui ſe mettent en bataille ; & les lignes ponctuées, le chemin ſur lequel elles ont paſſé.

Les petits ronds au trait repréſentent les files encore ſur le pont, & marchant par le flanc.

PLANCHE XX. Paſſage de défilé en avant par peloton. *Tit.* 14.

Les rectangles ponctués repréſentent les bataillons de droite & de gauche avant de paſſer le défilé, ceux de droite ayant rompu à gauche par peloton, & ceux de gauche à droite. Les rectangles au trait les repréſentent dans le défilé.

Les rectangles au trait & pointillés repréſentent les pelotons des bataillons de droite & de gauche, ſe ſéparant en ſortant du défilé, pour ſe mettre en bataille.

Les rectangles au trait & hachés représentent les bataillons en colonne ayant marché obliquement à droite & à gauche, pour se trouver derriere les ailes extérieures des pelotons de leur tête, qui se forment en bataille à mesure que le débouché s'élargit.

Les Chefs de peloton sont placés sur l'aile extérieure. On voit les trois premiers pelotons de la tête de la colonne de gauche, ainsi que les trois derniers de celle de droite, déjà formés en bataille avec deux Officiers de Serre-file en avant pour leur marquer le pas.

PLANCHE XXI. Passage de pont en retraite par le flanc. *Tit.* 14.

La ligne s'étant approchée du pont, fait *halte* & *front*.

Les files de l'aile gauche & de l'aile droite font successivement *à droite* & *à gauche*, pour, en marchant par le flanc, filer derriere le bataillon, & entrer dans le défilé.

Les petits ronds au trait représentent les files qui sont de pied ferme.

Les petits ronds hachés représentent les files qui font le mouvement pour se retirer.

Le pont passé, les pelotons se forment en colonne, dont les têtes sont dirigées, celle du premier bataillon sur l'arbre *O*, celle du deuxieme bataillon sur l'arbre *B*. Les rectangles au trait & hachés les représentent. On voit le huitieme peloton du premier bataillon, & le premier du deuxieme encore par le flanc, & arrivants ſur le terrain où ils doivent former le peloton.

PLANCHE XXII. Paſſage de défilé en retraite par peloton. *Tit.* 14.

Fig. 1. Repréſente les bataillons avant de paſſer le défilé.

Les pelotons des ailes ont marché quatre pas en arriere, pour, en marchant par leur flanc, venir ſe réunir enſemble & entrer dans le défilé : les autres pelotons font ſucceſſivement le même mouvement.

Fig. 2. Repréſente les bataillons ayant paſſé le défilé & formés en colonne ſerrée. La colonne continue de ſe retirer, ou bien la colonne fait *halte* & *front* pour ſe déployer.

PLANCHE XXIII. Paſſage de lignes. *Tit.* 15.

Fig. 1. La premiere ligne ſe retire, les pelotons marchant par leur flanc droit : ce qui eſt ponctué les repréſente. Elle paſſe dans les intervalles que lui fait la deuxieme ligne. En arrivant ſur le terrain *O R*, les pelotons font face en tête, & ſe trouvent dans la diſpoſition d'une colonne rompue par la droite ; elle ſe met enſuite en bataille.

Fig. 2. La ligne ſe retire, les pelotons marchant par leur flanc gauche : ce qui eſt ponctué les repréſente. Ils viennent ſe reformer en bataille ſur le terrain *T R* en ſe trouvant d'abord dans la diſpoſition d'une colonne rompue par la gauche.

Nota. Les bataillons ne ſont point ſur la planche placés directement les uns derriere les autres, afin de faire voir que la deuxieme ligne doit faire ouverture par-tout où les pelotons de premiere ligne ſe préſentent.

PLANCHE. XXIV. Prompte manœuvre. *Tit.* 16.

La colonne ayant ſa droite en tête, fait *à gauche*, & marche par ſon flanc pour venir ſe mettre en bataille, ſa gauche dirigée ſur l'arbre *B.*

Les rectangles au trait repréſentent les pelotons. Pendant le mouvement, on voit ſur la ligne ponctuée *O R* les deux premiers pelotons que le Commandant-C.el a fait arriver dans l'alignement du point *B.*

Pendant la marche, il tient le flanc du premier peloton continuellement aligné ſur le point de vue de gauche & le flanc du ſecond peloton, dont il dirige la marche, & fait ainſi, avec les deux premiers pelotons, & ſucceſſivement avec tous ceux qui prennent rang dans la colonne, un mouvement de converſion, dont le point de vue *B* eſt le pivot, juſques ſur le terrain où il veut appuyer ſa droite.

Les rectangles au trait & hachés repréſentent la colonne arrivée ſur le terrain où elle doit ſe mettre en bataille.

FIN.

www.ingramcontent.com/pod-product-compliance
Ingram Content Group UK Ltd.
Pitfield, Milton Keynes, MK11 3LW, UK
UKHW022020170726
13837UKWH00001B/293

9 782329 277721